이상하게
돈 걱정 없는
사람들의 비밀

이상하게
돈 걱정 없는
사람들의 비밀

혼다 고이치 지음 | 이주희 옮김

동양북스

기쁜 마음으로 돈을 쓸수록 더 많은 돈이 들어온다.

흔히 돈이라고 하면 '어렵다' 혹은 '더럽다'라고 생각하거나, 돈 이야기를 하는 사람은 '속물일 것이다'라는 선입견이 있는 이들이 많은 듯합니다. 이러한 상황이 늘 안타까웠던 저는 많은 사람이 그런 편견을 버리고 경제적으로 풍족한 삶을 살 수 있기를 바라는 마음에서 이 책을 썼습니다.

한 명이라도 더 많은 사람이 자신의 인생에 꽃을 피울 수 있도록 인생의 경험과 지혜를 가르쳐준 일본 최고의 투자가 다케다 와헤이^{竹田和平} 씨. 그리고 젊은 시절 저에게 돈이 무엇인지를 일깨워준 행복한 부자 여러분.

여러 인생 선배의 가르침 덕분에 저는 돈과 친해졌고, 많은 기쁨을 누리고 있습니다. 다른 분들도 저와 같은 기쁨을 만끽하셨으면 좋겠습니다. 그래서 지금부터 여러분께 이 중요한 '사고방식'을 알려드리려 합니다.

그러니 제가 이어받은 '행복과 풍요로움의 바통'을 가능한 한 많은 독자 여러분에게 전달해드릴 수 있다면 저자로서 그보다 행복한 일은 없을 듯합니다.

혼다 고이치

어느 날 갑자기
'돈의 목소리'가 들려왔다

누구나 매일 접하는 돈. 우리 눈에는 그저 단순한 '종이'와 '금속'으로 보이겠지만, 사실 돈에도 사람처럼 의식이 있다면…?

나는 스물여섯 살의, 평범한 회사에 다니는 평범한 직장인이다. 특별함이라고는 없는 내게 어느 날 갑자기 돈의 목소리가 들려왔다! 믿기 어렵겠지만 진짜로 일어난 일이기 때문에 나도 더 이상 설명할 방법이 없다.

늘 가던 편의점에서, 항상 사던 상품을 집을 때였다. 그날따라 무심코 가격표를 봤는데 가격이 조금 오른

게 아닌가?

이 조금이 내게는 큰 문제였다. 상품은 그대로인데 돈은 더 많이 내야 하니까!

하지만 매대를 둘러봐도 눈에 들어오는 게 없었다. 할 수 없이 물건을 들고 계산대로 갔다. 계산을 기다리며 '참나! 왜 또 가격이 오른 거야!'라고 마음속으로 욕설을 퍼붓고 있을 때였다.

어디선가 중얼중얼하는 소리가 들려왔다.

알바생이 뭐라고 한 건가? 뒤에서 누가 말을 걸었나, 아니면 편의점 스피커에서 나오는 라디오 소리인가? 하고 주위를 둘러봤지만, 모두 아니었다. 문득 지갑을 보니 그 안의 돈이 내게 말을 걸고 있는 게 아닌가? 너무 피곤해서 환각을 본 건 아닐까 하는 생각이 들 무렵, 이번에는 말소리가 확실히 들렸다.

"이봐, 너 같은 거하고는 도저히 같이 못 있겠다."

이때가 말하는 돈, '돈 할배'와의 첫 만남이었다.

돈 할배, 도대체 그는 누구인가?

나중에 돈 할배에게 들은 이야기에 따르면, 돈인 것 같으면서도 돈 그 자체는 아닌, 그런 존재라고 한다. 먼 옛날, 그러니까 돈이 생겨났을 때부터 존재하던 '돈의 집합 의식'이라고나 할까. 아무튼, 돈 할배는 모든 돈을 대표하는 존재라 할 수 있다.

그런 존재가 왜 하필 내게 말을 걸었냐고? 내가 '돈에 대한 기본적인 것도 모르는 인간의 전형'으로 보여서 그만 참지 못하고 말을 걸었다나?!

우리끼리 하는 말이지만 사실 나는 줄곧 '로또에 당첨되면 좋겠다', '벼락부자가 되고 싶다'고 은근히 바라고 있었다. 물론 돈 할배는 이런 나의 생각도 다 꿰뚫어 보고 있었다! 나의 감정과 의식, 행동만 보더라도 부티가 나지 않았다는 말을 덧붙이면서.

'하아, 내가 그렇게 없어 보이나?'라며 시무룩해졌지만, 곧 마음을 고쳐먹었다.

'그래, 어쩌면 이건 하늘이 내게 준 마지막 기회일지도 몰라. 부자가 되는 데 필요한 감정, 의식, 행동이든 뭐든 다 돈 할배에게 배우면 되잖아?'

　　　　　　　　이상하게 돈 걱정 없는 사람들의 비밀

이러한 내 생각을 눈치챘는지 돈 할배도 알려줄 셈이라고 했다.

 "좋아, 그럼 나와 좀 더 가까워지는 데 필요한 것들을 지금부터 알려주지."

 그렇게 돈 할배의 특별한 과외가 시작되었다.

차례

저자의 말 ·· 006

프롤로그 어느 날 갑자기 '돈의 목소리'가 들려왔다 ·········· 008

|1장|

돈, 그게 뭐야?

'돈'으로 행복을 살 수 있을까? ·························· 019

돈이 없었던 시절에는 어떻게 살았을까? ····················· 024

돈에 익숙해지는 법 ································· 034

불황을 호황으로 바꾸는 방법 ·························· 039

| 2장 |

돈은 쓰면 쓸수록 없어지지 않는다

'쓰는 법'과 '받는 법'은 한 몸이야 ······· 053

돈은 어디에서 와서 어디로 가는 걸까? ······· 059

돈을 쓰면 쓸수록 이득을 본다고? ······· 069

기쁘게 돈을 쓰는 방법 ······· 078

| 3장 |

'쓰는 법'을 바꾸면 '받는 법'도 달라진다

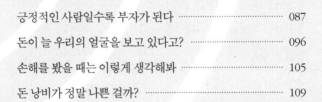

긍정적인 사람일수록 부자가 된다 ······· 087

돈이 늘 우리의 얼굴을 보고 있다고? ······· 096

손해를 봤을 때는 이렇게 생각해봐 ······· 105

돈 낭비가 정말 나쁜 걸까? ······· 109

| 4장 |

그 사람은 어떻게 해서 그렇게 돈이 많은 걸까?

돈이 많으면 정말로 행복할까? ················· 119

돈과 사이가 좋은 사람들의 공통점 ··········· 127

승부 경쟁에서 벗어나는 방법 ················· 132

세금, 돈을 쓰는 근사한 방법 ················· 140

| 5장 |

돈에게 오랫동안 사랑받는 방법

'그 사고방식'이 돈의 입구를 좁아지게 한다고? ················· 149

보람에도 의외의 함정이 숨어 있어 ················· 157

누군가를 기쁘게 하는 나를 더 느껴봐 ················· 163

몸값을 올리는 방법 ················· 169

돈을 벌고 나서 쓰겠다는 착각 ················· 181

'반짝이는 댐'을 만들어봐 ················· 187

| **6장** |

어떻게 해야 '행복한 부자'가 될 수 있을까?

왜 돈은 안 모이고 바쁘기만 한 걸까? ······················· 197

'시간 셀럽'이 되어봐 ···························· 206

'무일푼'이 된다면 어떻게 될까? ······················ 212

'지금'을 즐기는 것이 최고야 ······················ 218

우리에게는 언제나 마음의 주파수가 필요하다 ············· 223

끝으로 돈에 대한 오해를 풀고 돈과 친해지기 위해서 ········· 232

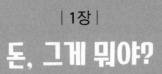

| 1장 |

돈, 그게 뭐야?

'돈'으로 행복을 살 수 있을까?

돈이란 무엇일까?

돈 할배   우선 확실하게 짚고 넘어갈 게 하나 있는데,

너 정말 우리랑 친해지고 싶어?

나   친해지고 싶냐고요? 부자가 되고 싶냐는 말씀

이시죠? 당연하죠! 부자가 아니어서 오히려

걱정인걸요.

돈 할배   그렇단 말이지…. 그럼 뭐든지 다 할 각오는

되었겠지? 나중에 딴말하기 없기다. **정말 우**

리랑 친해지고 싶다면 먼저 우리를 잘 알아야
해. 그러니까 '돈이란 무엇인가'에 대해, 어떻
게 생각해?

나   돈이 뭐냐고요? 음, 알 것 같으면서도 잘 모르
겠어요…. 좀 알려주세요.
도대체 돈이 뭐예요?

돈이 많으면 불행도 피해갈까?

돈 할배   한마디로 우리는 '요술 지팡이'야.

나   요술 지팡이요? 그게 무슨…?

돈 할배   하하하, 그렇게 당황할 것까지야. 아주 간단
해. **돈이 있으면 대부분의 일을 할 수 있거든.**

나   그렇긴 하지만 돈으로 살 수 없는 것들도 있잖
아요?

돈 할배   물론 그렇지. 하지만 행복의 80%는 돈으로 살
수 있어. 그리고 불행의 90%는 돈으로 막을
수 있지. 실제로 예전에 그걸 깨달은 인간이

있었는데 그 후로 돈에 대해 진지하게 고민하더니, 결국 돈도 많아지고 아주 풍족하게 살게 되었지.

나 하아, 그럼 행복과 불행 모두 돈의 영향이 큰 걸까요?

돈 할배 흠, **돈으로 행복을 살 수 있다고 하면 대부분 거부 반응을 보이더구나. 근데 이건 너처럼 돈 문제로 고민하는 사람들의 특징이야.** 하지만 생각해보렴. 너는 어떨 때 행복을 느끼지? 뭘 할 때 즐거움을 느껴?

나 음, 저는 맛있는 걸 먹을 때 행복하고, 여행, 독서, 영화 감상 같은 것도 좋아해요. 아…!

돈 할배 하하하, 이제야 눈치챈 모양이구나. 맛있는 음식을 먹는 것, 여행하는 것, 책과 영화를 보는 것 모두 돈이 있어야 할 수 있는 일들이지. 게다가 돈이 있으면 소중한 사람이 힘들어할 때 도와줄 수도 있어. 또 나중에 네가 결혼하고 아이가 생겼을 때, 그 애가 하고 싶은 걸 지원해주려면 당연히 돈이 있어야겠지?

물론 돈이 인생의 전부라는 건 아니야. 그렇지만 돈이 있으면 더 많은 행복을 느낄 수 있고, 혹시 모를 불행을 피할 수 있지.

나 　그거야 뭐, 그렇죠….

돈 할배 　**'듣고 보니 그렇네'라는 표정이잖아! 우선은 그런 당연한 사실을 얼마나 받아들이고 우리와 친해질 것인가? 이게 중요한 출발점이야.**

옛날이야기에서는 요술 지팡이를 휘두르면 소원이 이루어졌지만 현실에서 소원을 이뤄주는 것은 그런 게 아니야. 돈이야말로 요술 지팡이지!

나 　돈이 곧 요술 지팡이?! 듣다 보니 돈에 대해 더 알고 싶어졌어요.

돈 할배, 돈이 뭔지 더 가르쳐주세요!

돈이 있으면 행복을 느낄 수 있고, 불행은 피할 수 있다

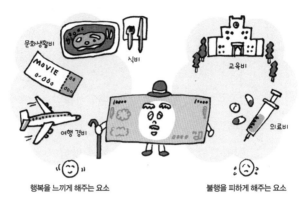

행복을 느끼게 해주는 요소

불행을 피하게 해주는 요소

✅ 돈복이 생기는 부자 마인드 ❶

☐ 돈은 행복의 80%를 가져다주고, 불행의 90%를 막아주는
'요술 지팡이' 같은 존재다.

☐ 돈이 없으면 내가 즐기던 일의 대부분을 할 수 없게 된다.

돈이 없었던 시절에는 어떻게 살았을까?

돈, '감사와 풍요의 순환 고리'를 낳다

돈 할배   좋아! 그럼 우리에 대해 더 이야기해주지. 옛
날이야기를 좀 더 해볼까나. 아주 먼 옛날, 그
러니까 우리가 없었던 시절로 거슬러 올라가
면, 돈이 생기기 전까지 사람들은 물건과 물건
을 교환했어.

나   물물교환 말이죠? 저도 그 정도는 알아요. 그
게 왜요?

돈 할배 그래? 그럼 어디 한번 설명해보렴.

나 예를 들어 제가 어부라면 잡은 물고기를 농부가 키운 채소랑 교환하는 거 아니에요?

돈 할배 네 말이 아예 틀린 건 아니지만 그렇다고 정답이라고 할 수도 없어. **물물교환에서 가장 중요한 건 거래를 통해 '감사와 풍요의 순환 고리'가 시작되었다는 거야.** 게다가 화폐, 즉 우리가 생겨나면서 감사와 풍요의 순환 고리가 훨씬 더 크게 확장되었지. 그 점을 이해하지 못하면 물물교환 이야기를 꺼낸 보람이 없다고!

나 '감사와 풍요의 순환 고리'요? 음, 뭔가 거창한 것 같아요.

돈 할배 앞으로 풍요롭게 살고 싶다면 반드시 기억해야 하는 중요한 이야기야. 계속 들어보렴.

이를테면 네가 버섯을 따는 나무꾼이라고 치자. 어느 날, 옆 마을 어부가 찾아와서 "생선을 줄 테니 버섯과 교환합시다"라고 하는 거야. 거기서 네가 "오오, 마침 생선이 필요했는데…"라고 한다면 거래가 성사되겠지?

나	네, 조금 전에 제가 말한 거랑 같은 이야기 아닌가요?
돈 할배	자, 진정하고 더 들어봐. 중요한 건 지금부터니까. 만약에 그 어부가 나쁜 놈이어서 돌멩이로 배 속을 가득 채운 생선을 갖고 와 같은 무게의 버섯과 바꿔갔다고 치자. 어떤 일이 일어날까?
나	사기 치는 거냐며 따지겠죠.
돈 할배	그러고는?
나	그놈이랑은 두 번 다시 거래하지 말아야겠다고 생각하겠죠. 그리고 다른 사람들도 당하면 안 되니까 온 마을에 '그 어부랑은 거래하지 말라'고 소문낼 것 같아요.
돈 할배	네가 당한 일이 온 마을에 알려지면 그 어부는 그 누구와도 더는 거래할 수 없게 되겠지. 그런 어부랑은 누구나 거래하고 싶지 않을 테니까. **바꿔 말하면, 다른 사람을 속여서 피해를 주거나 고통을 주는 사람은 신뢰할 수 없으므로 '신뢰할 수 없는 사람은 결국엔 손해를 본**

다'고 할 수 있지.

나　　아하!

거래에서 이득을 보는 건 누구일까?

돈 할배　그럼 이번엔 그 반대를 생각해보자꾸나. 한 어부가 갓 잡은 생선을 싱싱하게 보관하는 기술을 개발했다고 하자. 그리고 그 신선한 생선을 네 버섯과 물물교환하게 된 거지. 그럼 너는 어떤 생각이 들 거 같아? 덧붙여 말하면, 그 생선은 이제껏 먹어본 적이 없을 정도로 신선하고 맛있는 거야.

나　　그야 당연히 '그 어부랑 또 거래해야지'라는 생각이 들 테고, "그 어부가 파는 생선은 정말 맛있어요"라며 주변에도 알릴 것 같아요.

돈 할배　그렇겠지? 더군다나 네가 좀 더 센스 있다면 다음번에 거래할 때는 갓 딴 버섯을 준다거나 덤을 준다거나 하겠지.

나	…아, 네.
돈 할배	그러니까 요약하자면, 신선한 생선을 파는 어부하고는 누구나 거래하고 싶을 거야. 누군가가 맛있는 생선을 얻었다는 사실이 알려지면 마을 사람들 모두 그 어부랑 거래하려 하겠지. 이걸 바꿔 말하면… 마을 사람들이 이 어부를…?
나	신뢰한다!
돈 할배	그렇지! 그리고 신뢰와 감사는 한 몸이어서 그 어부랑 거래해본 사람들은 자연스럽게 '맛있는 생선을 가져다줘서 고맙다'는 마음을 가지게 될 거야. 그러니 그 후로는 더 좋은 조건으로 거래하려고 하겠지? 나무꾼은 버섯을 덤으로 주고, 사냥꾼은 고기를 덤으로 주는 식으로 말이야.
나	아아, 그렇겠네요. 이제야 뭔가 알 것 같기도 해요. **결국에는 사람들이 믿고 고마워하는 사람이 이득을 보는 거네요?**
돈 할배	호오, 이제야 제대로 이해한 거 같은데!

이상하게 돈 걱정 없는 사람들의 비밀

물물교환은 '일대일 교환'이 아니라고?

돈 할배   게다가 어부한테는 혼자 힘으론 구할 수 없는 버섯이 생선 이상으로 귀한 것이겠지? 나무꾼 한테도 생선이 버섯 이상으로 귀할 테고. 즉 두 사람 모두 물물교환을 통해 '자신의 수확물보다 귀중한 것'을 얻게 된 셈이지. 그런 의미에서 **엄밀히 말하면 물물교환은 등가교환이 아니야.**

나   네? 등가교환이 아니라뇨? 1과 1을 교환하는 게 아니라고요?

돈 할배   그래. **내가 1을 내놓으면, 1 이상을 얻기 마련인 데다가 이것이 양쪽에서 발생하거든.**

나   제가 1을 내놓고 1 이상의 것을 얻는다면 상대방은 손해를 보는 거 아니에요?
아, 어부한테는 버섯이 생선 이상으로 귀하고, 나무꾼한테는 생선이 버섯 이상으로 귀한 거니까….

돈 할배   바로 그거야! 때에 따라 물건의 가치는 달라

지기 마련이니 자신이 내놓은 1 이상을 얻는
상황이 일어나기도 하는 거지. **그러니까 서로**
간에 신뢰와 감사하는 마음이 밑바탕에 깔려
있다면 물물교환은 하면 할수록 양쪽 모두 풍
족해져.

나 　　돈 할배 말씀대로라면 물물교환은 참 좋은 거
　　　　네요!

돈 할배　그렇지? 하지만 좋은 점만 있는 게 아니야.

돈이 만들어지면서 생겨난 변화

돈 할배　물물교환에도 한 가지 문제점이 있었거든. 물
　　　　물교환은 말 그대로 물건과 물건의 교환이잖
　　　　아? **그러니까 이건 '상대방의 물건을 내가 원**
　　　　할 때'만 성립될 수밖에 없어.

나 　　아, 알겠어요! 어부가 생선을 버섯과 교환하
　　　　고 싶어도, 나무꾼이 생선을 원하지 않으면 어
　　　　부는 버섯을 얻지 못한다는 거죠?

돈 할배 그렇지. 서로가 원하는 물건이 맞아떨어지지 않으면 거래를 할 수 없는 경우가 종종 생긴다는 게 물물교환의 한계였어.

그래서 생겨난 것이 우리, 즉 돈이란다. 처음에는 깨끗한 조개껍데기나 흔하지 않은 돌이 화폐 기능을 했지. 조개껍데기나 돌은 썩지 않아서 가치도 바뀌지 않은 데다가 여러 사람을 거쳐 쭉 이어질 수도 있었거든. 그 덕분에 거래는 금세 활발해졌지. 어부는 조개껍데기를 버섯과 교환하고, 조개껍데기를 얻은 나무꾼은 그것을 고기와 교환하고, 그 조개껍데기를 얻은 사냥꾼은 그것을 생선과 교환하고, 어부는 또 그 조개껍데기를 다른 무언가와 교환하는 상황이 일어나게 된 거지.

자, 그럼 여기서 문제! 교환이 점점 활발해졌다는 건 무슨 뜻일까?

나 '감사와 풍요의 순환 고리'가 더 크게 퍼져나갔다는 거죠?

돈 할배 오호, 제법인걸? **그러니까 인간들의 삶이 더욱**

풍족해진 건 물건과 물건의 교환이 돈과 물건의 교환으로 바뀌고 난 뒤부터라고 할 수 있어. 어때, 우리 꽤 '대단하지?'

나 하아, 뭐 그렇긴 한데요, 지금 이 얘기가 부자 되는 거랑 무슨 관련이 있어요? 전혀 감을 못 잡겠어요.

돈 할배 이 바보야! 정말 모르겠어? **돈이라는 건 '감사 와 풍요의 순환 고리'를 만들어내는 존재. 이런 사실을 아는 게 우리랑 친해지는 데 무엇보다 중요하다고!** 그래서 '감사와 풍요의 순환 고 리'를 제대로 이해시키려 물물교환까지 거슬 러 올라갔던 건데!

나 그, 그런 거였어요? 죄송합니다.

돈 할배 뭐, 사과할 것까지야. 다만 이 '감사와 풍요의 순환' 이야기는 나중에 또 나오니까 잘 기억 해둬.

이상하게 돈 걱정 없는 사람들의 비밀

돈은 '감사와 풍요의 순간'을 더욱 많이 만들어낸다

물물교환이라면…

생선이 먹고 싶어요!
버섯이랑 교환해요!

지금은 버섯이
필요 없는데….

돈이 있으면…

버섯 말고 돈으로
받을게요.

닭 사러
왔어요~.

원래 돈은 고민의 씨앗이 아니라,
사람을 풍족하게 해주는 거란다!

✓ **돈복이 생기는 부자 마인드 ②**

☐ 일찍이 물물교환 덕분에 '감사와 풍요의 순환 고리'가 생
   겨났다.

☐ 다른 사람을 속이지 않는 거래자는 결국 이득을 본다.

☐ 거래란 '일대일 교환'이 아니라, 서로가 '1 이상'을 얻는 것
   이다.

☐ 돈이 생겨나면서 감사와 풍요의 순환 고리는 더욱 커지게
   되었다.

돈에 익숙해지는 법

잃어버리면 3개월간 속이 쓰릴 돈을 갖고 다니기

돈 할배   자, 이제 우리와 친해지는 비결을 하나 알려줄
게. 너무 이론 같은 이야기만 하면 네가 질릴
테니까.

나   휴, 다행이다. 제발요!

돈 할배   **우리와 친해지는 비결, 그 첫 번째 방법은 간단
해. 바로 '익숙해지는' 거야.**

나   돈에 익숙해지라고요? 어차피 매일 돈을 보고

만지고 있어서 이미 익숙한데요?

돈 할배   하아, 과연 그럴까? **그럼 너 지금 당장 현금 천만 원을 지갑에 넣은 채 무덤덤하게 거리를 돌아다닐 수 있어?**

나   네? 그건 못할 거 같아요. 누가 훔쳐가면 어떡해요. 또 지갑을 흘리기라도 하면…. 아마 돈 때문에 신경 쓰느라 이상한 사람처럼 보일 거예요.

돈 할배   거봐! 그 말이 곧 돈에 익숙하지 않다는 거야.

나   그런데 왜 그 방법이 돈이랑 친해지는 비결이에요?

돈 할배   **돈에 익숙하지 않은 사람은 우리를 다룰 때 긴장하거나 눈에 불을 켜며 달려들거든. 솔직히 그런 사람한테는 가까이 다가가고 싶지 않아.** 게다가 오히려 쫓아오면 도망가고 싶어지거든. 반대로, 천만 원 정도는 덤덤하게 갖고 다닐 수 있는 사람은 우리에게 익숙해. 우린 그런 사람이 훨씬 안심되기 때문에 가까이 지내고 싶어지지.

나	천만 원을 들고 다니는데도 아무렇지 않다니, 저한테는 무리예요.
돈 할배	천만 원은 예로 들어본 거고, **여기서 중요한 건 '만약 잃어버린다면 3개월 정도 속이 쓰릴 금액'이야.** 근데 너는 지갑에 얼마씩 넣고 다니니?
나	음, 요새는 카드를 많이 쓰니까… 오만 원 정도 갖고 다녀요.
돈 할배	그 정도 금액이더라도 잃어버린다면 3개월은 속이 쓰리겠지?
나	액땜한 셈 치고 금방 잊어버릴 것 같아요.
돈 할배	그럼 월급과 맞먹는 돈을 잃어버린다면 그땐?
나	월급이요? 그 정도 액수라면 3개월 동안 우울할 것 같아요….
돈 할배	좋아. 그럼 그 금액으로 하자. 지갑에 그 정도의 돈을 넣고 다녀봐.
나	네? 뭐라고요? 그건 너무 무서워요. 혹시 하루만 해도 되나요?
돈 할배	무슨 소리! 내가 처음에 말해준 걸 잊지 마.

이상하게 돈 걱정 없는 사람들의 비밀

우리랑 친해지려면 우리에게 익숙해져야 한
다고 했던 거. 그 정도의 돈을 갖고 다녀도 아
무렇지 않을 때까지 해봐.

나   아, 그게 돈에 익숙해진다는 거군요.

큰돈을 잃어버려도 괜찮은 이유

돈 할배   여기서 한 가지 말해두겠는데, 만약에 그 돈을
        잃어버려도 내 책임은 없는 거다! 하지만 안
        심해. 돈을 잃어버려도 괜찮을 테니까.

나   네에?! 그, 그런 무책임한…! 게다가 그렇게나
        큰돈을 잃어버렸는데 괜찮을 리가 없잖아요!

돈 할배   글쎄, 괜찮다니까!

나   어떻게 그렇게 단언하시죠?

돈 할배   다시 벌면 그뿐이잖아!

나   ….

돈 할배   지금의 너로서는 이해가 안 되겠지만 속는 셈
        치고 월급 정도의 돈을 갖고 다녀봐. **그러다**

우리에게 익숙해지면 '만약에 이 돈을 잃어버려도 다시 벌면 되니까 괜찮아'라는 생각이 들면서 맘이 편해질 거야. 여기서 중요한 건 '그런 생각을 할 수 있게 되는' 거야.

나 　그건 너무 무모한 거 같아요. 상상만으로도 점점 돈이 없어지는 기분만 드는걸요?

돈 할배 　그럴 리가! 오히려 그 반대라고. 그 이유를 지금부터 설명해줄게. **핵심은 '우리는 항상 흐르고 있다'는 거야.**

✓ **돈복이 생기는 부자 마인드 ❸**

☐ '돈에 익숙한 사람'은 돈에게 인기가 있다.

☐ 돈이 좋다고 해서 눈에 불을 켜고 좇아서는 안 된다.

☐ 큰돈을 '아무렇지 않게' 생각할 수 있을 때까지 갖고 다니기! 목표는 '잃어버리면 3개월 동안 속이 쓰릴 금액'이다.

　　　　　　　이상하게 돈 걱정 없는 사람들의 비밀

불황을 호황으로 바꾸는 방법

인형을 '화폐'로 만들었더니 어떤 일이 일어났을까?

돈 할배   혹시 너 불경기랑 호경기가 어떻게 일어나는
            지는 알고 있어?

나   엥, 갑자기 경제 이야기예요? 음, 그러니까 수
            요와 공급의 불균형으로 물가가 하락하면 불
            경기가 된다고 배웠던 것 같은데, 솔직히 잘
            모르겠어요.

돈 할배   아직 갈 길이 멀구먼. 물론 그런 이론도 중요

하지만 **여기서는 '사람의 감정'부터 생각해야 해. 경기라는 건 다분히 사람의 감정에 좌우되는 거니까.**

나　　　사람의 감정이요?

돈 할배　그래. 호경기라는 건 쉽게 말하면, 모두가 우리[돈]를 많이 가지고 있는 상황이야. 그건 우리가 얼마나 활발히 유통되고 있는가를 나타내는 것이기도 하지.

나　　　돈의 흐름이 활발하면 호경기, 돈의 흐름이 막히면 불경기인 건가요?

돈 할배　그렇지! 그럼, 여기서 문제! 우리의 흐름은 언제 활발해지고 언제 정체되는 걸까?

나　　　언제라뇨? 그게 무슨 말씀이시죠?

돈 할배　내가 너무 어렵게 물어봤나? '호경기와 불경기는 어떨 때 발생하는가'라는 거야.
　　　　이해하기 쉽게 설명해주지. 이를 잘 보여주는 예가 있거든. 한 기업의 세미나에서 있었던 일인데 말이야.

나　　　네? 돈 할배가 기업 세미나에 참석했다고요?

돈 할배	아니 아니. 나 말고 내 동료. 나는 그때 위에서 상황을 내려다보고 있었지. 그 세미나에서 아주 재미있는 실험이 진행되었거든. 몇 사람이 빙 둘러앉아 있었고, 그들에게 곰 인형과 함께 다음과 같은 지시 사항이 내려왔지.

"이곳에서는 이 곰 인형이 화폐입니다. 옆 사람이 자신에게 뭔가를 해주면 고맙다고 말하면서 인형을 건네주세요."

그러자 다들 당혹스러워하면서도 "고마워요"라고 말하며 인형을 건넸어. 그러는 사이에 다들 점점 즐거워졌는지 인형을 돌리는 속도가 점점 빨라졌지.

나	뭘 말씀하고 싶으신지 잘 모르겠지만 재밌어 보이긴 하네요.

경제를 움직이는 건 누구일까?

돈 할배   그리고 잠시 후, "사실 여러분에게 말하지 않
         은 게 있습니다. 인형 등에 달린 지퍼를 열어
         보세요"라는 멘트가 이어졌어.
         참가자들이 지퍼를 열어봤더니, 1억 원 정도
         의 돈이 그 안에 들어 있었어. 모두가 깜짝 놀
         라 어리둥절해하는 사이에 "이제 지퍼를 닫
         고 조금 전과 같은 동작을 계속해주세요"라는
         말이 내려왔지. 여기서 한 가지 변화가 일어났
         단다.

나   음, 저라면 벌벌 떨면서 인형을 건넸을 거 같
         아요. 1억 원이라뇨! 게다가 분위기도 이상해
         졌을 거 같은데요?

돈 할배   네가 말한 대로였어. 그저 평범한 곰 인형인
         줄 알았는데 사실은 그 안에 1억 원이 들어 있
         다는 걸 알게 됐으니 말이야. 금세 인형을 돌
         리는 속도가 뚝 떨어졌지. 그런데 시간이 지나
         자 속도가 다시 빨라졌어. 왜 그랬을까?

이상하게 돈 걱정 없는 사람들의 비밀

나   아, 인형을 돌리는 사이에 1억 원에 무감각해
        져서…?

돈 할배 바로 그거야! 그사이 그 돈에 익숙해져 자연
        스레 감흥도 없어진 거지. **달리 말해, 우리를
        어려워하지 않는 사람이 많아질수록 우리는 활
        발히 유통돼. 즉 호황이 찾아오는 거지.**

나   자, 잠깐, 잠깐만요! 그럼 호황은 돈에 익숙한
        사람이 많은 상황이라는 말씀이세요?

돈 할배 그래, 맞아! 우리를 어려워하는 사람은 자신
        에게 흘러들어온 돈을 밖으로 내보내지 않으
        려고 해. **우리의 흐름을 막아버리는 거지. 이러
        면 경기가 불황에 빠지기 시작해.** 하지만 돈에
        익숙한 사람은 우리를 술술 흘려보내. **그리고
        돈을 흘려보낼수록 더 많은 돈이 자신에게 돌
        아온다는 걸 알고 있지.** 곰 인형을 다른 사람
        에게 건네면 건넬수록 자신에게 돌아오는 횟
        수가 늘어나는 거처럼 말이야. 이런 게 바로
        호황이야.

나   돌아오는 횟수가 늘어나는 게 중요하다…. 결

국 익숙해지는 게 중요하단 거군요.

돈 할배   그렇지. 그런데 이 실험은 여기서 끝이 아니야.

불황을 호황으로 바꾸려면 어떻게 해야 할까?

돈 할배   사람들이 다시 순조롭게 인형을 돌리기 시작하자, "매출이 급상승해 여러분의 보너스가 두 배로 올랐습니다"라는 멘트가 흘러나왔어. 그러자 인형을 돌리는 속도가 점점 더 빨라졌지. 왜 그랬을까?

나   인형을 많이 돌려 매출이 올라가면 그만큼 보너스도 더 받을 수 있으니까요!

돈 할배   맞아. 그런데 이번에는 "매출이 급격히 떨어져 다음 보너스는 없을 수도 있습니다"라는 공지가 올라왔단다.

그랬더니…

나   1억 원이 들어 있는 인형이 갖고 싶어졌을 거 같아요!

돈 할배	그랬겠지? 실제로도 인형을 돌리는 속도가 뚝 떨어지고 말았어. 돈도 마찬가지야. **사람들이 돈을 안 쓰면 우리의 흐름은 순식간에 나빠져. 이런 식으로 발생하는 게 바로 불황이야.**
나	하지만 그건 어쩔 수 없지 않나요? 보너스를 못 받을지도 모르는 데다가 줄어들 수도 있다는 말을 들으면 누구나 돈을 아껴 쓸 거 같아요. 그러니 불황이 돈을 안 쓰는 사람들 탓만은 아닌 것 같은데요?
돈 할배	흐음, 과연 정말 그럴까? 내 이야기를 마저 들으면 생각이 달라질걸? 인형을 돌리는 속도가 떨어졌을 때 마지막으로 이런 공지가 나왔지. "매출을 올리기 위해 자신이 할 수 있는 일을 건의해주세요. 그리고 발표자가 건의 사항을 말하면 다른 사람들은 반드시 "그거 아주 좋은데요!"라고 말씀해주시고요. 자, 그럼 다시 인형을 돌려주세요."
나	그랬더니 어떻게 됐어요?
돈 할배	인형의 흐름이 또다시 빨라졌단다. 왜 그랬을

까? 네가 그곳에 있다고 상상해보고 한번 말
해보렴.

나 　 발표만 해도 서로 칭찬해준다고 하셨죠? 존중
받는 느낌이 들면서 자신감이 차오를 것 같아
요. 그리고 저도 다른 사람을 믿고 위해줄 거
같아요.

돈 할배 　 그렇지? 모두가 그런 기분을 느꼈다면 인형은
어떻게 되었을까?

나 　 서로 믿으면서 일할 수 있는 분위기가 만들어
져서 자꾸자꾸 인형을 돌렸을 거 같아요!

돈 할배 　 하하하!

돈을 움직이는 기쁨의 에너지

돈 할배 　 그 실험에서 참가자들이 경험한 건 한마디로
이런 거야. **'뭔가를 할 수 있다'고 스스로 믿고,
다른 사람들로부터 신뢰를 얻으면 기쁨의 에너
지가 생겨나는 것 그리고 그것이 돈을 흐르게**

하는 에너지라고.

나 '뭔가를 할 수 있다'는 생각이 경제를 움직인
    다는 말씀이신가요?

돈 할배 맞아! 그러니까 모든 일은 마음먹기에 따라
    얼마든지 달라질 수 있어. 자, 잘 들어봐. 우리
    는 늘 흐르고 있어. 그 흐름을 빠르게 할지 느
    리게 할지는 너희 인간들 마음에 달려 있지. 그
    리고 **우리의 흐름을 빠르게 하려는 마음을 가**
    진 사람이야말로 우리와 더 친해질 수 있단다.

나 흐름을 빠르게 하는 마음이요?

돈 할배 그래. 어렵게 생각할 거 없어. 지금까지 이야
    기한 것의 복습이니까. **우리에게 익숙해질 것,**
    '나는 뭔가를 할 수 있다'고 믿고 행동할 것 그
    리고 우리는 흐르고 있으니까 잃어버려도 언젠
    가는 다시 돌아온다고 믿을 것.

    이런 마음이 우리를 활발히 흐르게 할 뿐만 아
    니라 계속해서 불러들이는 에너지가 돼. 내가
    "큰돈을 잃어버려도 괜찮다"고 말했던 것도
    이런 이유야. 이제 내 말을 알아듣겠지?

나	돈은 항상 흐르고 있으니 나가더라도 들어오기 마련이다. 그렇게 믿는 것이 중요하다는 말씀이시죠?
돈 할배	이제야 내가 한 말들을 이해했군! 그리고 그 마음을 유지하려면 '나는 뭔가를 할 수 있다'고 믿어야 해. 아마 지금은 이게 무슨 말인지 그 의미를 제대로 이해하지 못할 수도 있어. 하지만 이거 하나만이라도 잘 기억해둬.

이상하게 돈 걱정 없는 사람들의 비밀

돈은 내보낼수록 더 들어온다

안 돌리고
싶은데~

안 돌아올지도
몰라….

이대로 멈추면
좋겠다~.

모두가 돈을 돌리는
속도가 떨어지면
나에게도 돌아오지
않는다.

모두가 돈에
익숙해져 돌리기
시작하면 나에게도
돈이 흘러들어온다.

자기 자신을 믿고 돈을 내보내는 사람에게는
또다시 돈이 들어오는 법!

✓ 돈복이 생기는 부자 마인드 ❹

☐ 돈에 익숙한 사람은 돈의 흐름을 가속화한다. 반대로 돈에
   익숙하지 않은 사람은 돈의 흐름을 막는다.

☐ 돈과 친해지고 싶다면 '돈은 항상 흐르고 있으니 나가더라
   도 다시 들어온다'고 믿을 것. 그리고 무엇보다도 '나는 뭔
   가를 할 수 있다'고 믿을 것.

| 2장 |

돈은 쓰면 쓸수록
없어지지 않는다

'쓰는 법'과 '받는 법'은 한 몸이야

'투영'이란 무엇일까?

돈 할배   그럼 이제 다음 단계로 넘어가볼까. 혹시 너
        돈을 쓰는 것과 받는 것, 이 두 가지가 정반대
        라고 생각하는 건 아니겠지?

나   쓰는 것과 받는 거라…. 정반대 맞잖아요? 쓴
        다는 것은 돈이 나가는 거고, 받는다는 것은
        돈이 들어오는 거니까요.

돈 할배   어휴, 그러니까 네가 돈이랑 인연이 없는 거야.

계속 그렇게 생각한다면 솔직히 우린 네 근처에 가고 싶지 않아.

나 　혁, 너무하시네요! 그럼 제가 어떻게 하면 되죠?

돈 할배 　뭐, 모르는 게 죄도 아니고 앞으로 알아가면 되니까. **우선 네가 알아야 할 것은 돈을 '어떻게 쓸까'와 '어떻게 받을까'야. 사실 돈을 쓰는 법과 받는 법은 한 몸이거든.**

나 　네? 둘이 정반대가 아니라 하나라고요?

돈 할배 　그래. 이 세상이 '투영'으로 이루어져 있기 때문인데, 투영이 무슨 말인지는 알고 있겠지?

나 　투…영…이요…?

돈 할배 　'투영'이란 쉽게 말해서 **'타인도 나와 같은 기분으로 일을 하고 있을 것'이라고 생각하는 거야.** 누구나 무의식중에 '내가 괴로워하는 건 다른 사람도 괴로워할 거야', '내가 기뻐하는 건 다른 사람도 기뻐할 거야'라고 생각하는데 이런 걸 투영이라고 해.

　이상하게 돈 걱정 없는 사람들의 비밀

'괴롭게' 쓸까? '기쁘게' 쓸까?

나 　아! 그렇군요. 그 말씀을 들으니 이제야 좀 알 거 같아요. 그런데 그게 돈과 무슨 관련이 있어요?

돈 할배 　예를 들어 네가 돈을 쓰는 게 낙인 사람이어서 기쁜 마음으로 돈을 썼다고 치자. 이때 투영이 작용한다면 어떻게 될까?

나 　음, 그런 상상을 해본 적이 없어서 잘 모르겠어요.

돈 할배 　그냥 한번 상상해봐. 네가 만약 '기쁘고 즐거운 마음'으로 돈을 쓸 때, **투영이 작용한다면 주변 사람한테도 그러한 네 마음이 전달되지 않겠어?**

나 　아, 이론대로라면 그렇지만….

돈 할배 　그리고 다른 사람이 돈을 쓰면 그 돈이 돌고 돌아 일부라도 너한테 들어오겠지? 네가 받은 월급은 누군가가 너희 회사에 지불한 돈일 테니까.

나   네, 그렇죠. 저 그런데 솔직히 지금 무슨 말씀을 하시는지 전혀 모르겠어요.

돈 할배   자, 내 말은 네가 기쁜 마음으로 돈을 쓴다면 주변 사람에게도 그 마음이 전해진다는 거야. 그렇다면 마찬가지로 너한테 들어오는 돈도…?

나   누군가가 기쁘게 쓴 돈이라고요?

돈 할배   그렇지! 어때, 이제 이해하겠어? **그러니까 기쁜 마음으로 돈을 쓰는 사람은 자신이 받는 돈도 누군가가 기쁘게 쓴 거라고 믿을 수 있어.** 반대의 경우도 마찬가지지. 자, 그렇다면 어느 쪽이 우리를 기분 좋게 받을까?

나   그거야 기쁘게 쓴 쪽이겠죠.

돈 할배   그렇지? **기쁘게 돈을 쓰는 사람은 자신이 돈을 받는 것에도 거부감이 전혀 없어. 게다가 '이 돈은 누군가가 기쁘게 쓴 것'이라고 믿으니까 기쁜 마음으로 돈을 받지.** 내가 돈을 '쓰는 법과 받는 법은 한 몸'이라고 한 것도 바로 이런 맥락에서야.

이상하게 돈 걱정 없는 사람들의 비밀

그리고 이제는 알아챘겠지만, 당연히 우리도 기쁜 마음으로 우리를 받아주는 사람한테 가고 싶지 않겠어? 너도 너를 환영해주는 사람과 그렇지 않은 사람이 있다면 당연히 전자와 친해지고 싶잖아.

나 **그 말씀은 곧 기쁘게 돈을 쓰는 사람일수록 더 많은 돈을 받고 있다는 건가요?**

돈 할배 바로 그거야!

나 그렇다면 돈을 쓸 때마다 투덜거렸던 저는….

돈 할배 우리를 피하고 있었다고 할 수 있겠지.

나 그렇다고 갑자기 돈을 쓸 때마다 '기쁘다'거나 '즐겁다' 같은 생각을 할 수 있을까요? 어쨌든 돈이 나가는 거잖아요….

돈 할배 그래서 이건 어느 정도 훈련이 필요해. 어때, 한번 해볼 생각이 있어?

나 네, 해볼게요!

기쁜 마음으로 돈을 쓸수록 더 많은 돈이 들어온다

기쁜 마음으로
돈을 쓰면

이 가격에
이 물건을
사다니!

내 가치를
알아보는구나!
감사히 잘 받을게요!

← 돈을 쓸 때   돈을 받을 때 →

억지로
돈을 쓰면

왜 이렇게
비싼 거야!

어쩔 수 없으니까
주는 돈이겠지. 당연히
받아야 하는 돈인데도
왠지 기분 나빠.

← 돈을 쓸 때   돈을 받을 때 →

부정적으로 돈을 쓰는 사람은 받을 때도 마찬가지야.
그러니 그런 사람에게는 가까이 가고 싶지 않아.

✓ 돈복이 생기는 부자 마인드 ❺

☐ 사람은 타인도 자신과 똑같은 감정을 느낀다고 생각한다.

☐ 돈을 기쁘게 쓰는 사람은 돈을 받을 때도 '이 돈은 누군가가 기쁘게 쓴 것'이라고 생각한다. 이렇게 긍정적으로 생각하면 돈을 받는 것에 수긍하게 되고, 돈이 더 들어오기 쉬워진다!

돈은 어디에서 와서 어디로 가는 걸까?

돈의 흐름을 상상해봐

돈 할배   사실 얼마 전부터 너를 쭉 지켜봤는데, 지갑에서 돈이 나올 때마다 불만 가득한 표정에 투덜거릴 때가 많더라.

나   그런 얘기는 갑자기 왜 꺼내시는 거예요!

돈 할배   표정은 매번 달랐지만 어쨌거나 불평불만이었지. 너에게는 보이지 않는 어떤 것이 있었기 때문이겠지.

나	보이지 않는 것이요?
돈 할배	**네가 지금까지 보지 못했던 건 바로 '돈의 흐름'이야.**
	내가 돈은 항상 흐르고 있다고 했지? 그걸 이해했으면 그다음으로 중요한 건 돈의 흐름을 상상해보는 거야. **'지금 내가 가진 돈은 도대체 어디에서 온 걸까? 그리고 또 어디로 가는 걸까?'**라고 말이야.
나	일단 저한테 있는 돈은 회사에서 받은 월급이에요! 음, 그러니까 이 돈으로 월세를 내고, 장을 본다는 식의 흐름이요?
돈 할배	뭐야, 좀 나아졌나 했더니 아직도 이렇게 시야가 좁아서야! 좀 더 넓게 돈의 흐름을 상상해봐. 네 수중의 돈은 회사에서 받은 게 맞지만, 회사는 어떻게 해서 그 돈이 생긴 거지?
나	그건 고객들이 지불한 돈이죠. 그리고 그 돈은 고객의 고객이 지불한 것일 테고, 또 고객의 고객이 지불한 돈은 고객의 고객의 고객이 지불한 것이고…. 으, 이러다간 끝도 없겠는걸요.

돈 할배	자, 그럼 네가 월세나 식비로 쓴 돈은 집주인과 마트를 거쳐 어디로 갈까?
나	월세는 집주인이 생활비로 쓰겠죠. 저처럼 식료품을 사거나 자녀가 있다면 학비로 쓰지 않을까요? 만약 그 돈이 학비로 쓰였다면 그 학비는 다시 선생님들의 월급으로 나갈 거고, 선생님들이 그 돈을 생활비로 쓰면 또 여기저기로 흘러가겠죠.
	제가 마트에서 쓴 돈은 마트의 납품업체에 가거나, 마트 직원들의 월급으로 나가겠죠. 그리고 돈을 받은 사람들은 그 돈을 어딘가에 쓸 테고, 또다시 그 돈이 여기저기로 흘러간다고 치면…. 휴, 역시나 끝이 없네요!
	어쨌든 모두 누군가로부터 받은 돈을 다시 다른 사람에게 쓰고 있으니까 그 흐름을 다 좇는 건 무리예요. 게다가 이건 저의 상상이니 실제로 어떤지도 알 수 없고요.
돈 할배	크크크. 제법이구나!
나	네에?

내가 돈을 쓰면 누군가는 행복해진다

돈 할배 돈은 어디에서 와서 어디로 가는가, 그 진실이
어떻든 상관은 없어. 중요한 건 이 세상에는
수많은 사람이 있고, 돈이 그들 사이를 끊임없
이 흐르고 있다는 거니까. 그리고 그 흐름은
절대로 막히는 법이 없지. 이 사실을 깨달아야
해. 너, 월급을 받으면 기쁘지? 그런데 그 돈은
어딘가에 있는 누군가가 쓴 돈일 거야. 그렇다
면 네가 쓴 돈도 다른 누군가의 월급으로 쓰이
겠지? **즉 네가 돈을 씀으로써, 네가 모르는 누
군가도 행복해져.**

나 누군가가 쓴 돈에 내가 기뻐하고, 내가 쓴 돈
이 누군가를 기쁘게 한다, 이런 말이네요!

돈 할배 그렇지! 그리고 여러 번 말한 것처럼 그 흐름
은 절대 끊기지 않는다는 거야. '돈을 통해서
이 세상의 모두가 누군가를 기쁘게 한다.' 이
흐름은 영원히, 아마도 이 세상이 끝나지 않는
한 계속될 거야.

나	우아! 이 세상이 이렇게나 기쁨으로 넘치고 있었다니!
돈 할배	하하하! 그렇게 반응하니까 더 이야기해주고 싶어지는걸.

돌고 도는 돈

돈 할배	우리는 항상 사람에서 사람으로 흐르고 있어. 너도 그 끊임없는 흐름 속에 있단다. 어때, 돈을 쓸 때마다 그렇게 생각하면 기분이 조금은 달라지겠지?
나	네! 부정적인 감정들이 거짓말처럼 사라졌어요. 제가 돈을 쓰는 게 누군가를 기쁘게 하는 거니까요!
돈 할배	좋아! 그런데 좀 더 강하게 느껴봐. 돈의 흐름은 절대 멈추지 않아. 그 흐름 안에 너도 있는 거고. 이제 어때?
나	아, 뭔가 마음이 놓여요.

당신이 쓴 돈은 누군가를 기쁘게 한다

돈 할배   돈이 지갑에서 나가더라도 금세 다시 들어올
거라는 믿음이 생기지?

나   맞아요. 그런 느낌이에요! **돈의 흐름은 멈추지
않고, 저도 그 흐름 안에 있으니까 돈을 써도
또 흘러들어오겠죠!** 게다가 제가 회사를 그만

        이상하게 돈 걱정 없는 사람들의 비밀

두지 않는 한 월급은 매달 들어올 테니까요.

돈 할배   월급뿐만이 아니야!

나   네? 뭐가 더 있나요?

돈 할배   돈의 흐름을 염두에 두면 지금 네가 말한 것처럼 안심하고 돈을 쓸 수 있게 돼. **왜냐하면 '돈을 쓴다'는 건 '돈이 사라진다'가 아니라 '돈을 흐르게 한다'는 것이고, '흘러간 것은 다시 흘러들어온다'고 믿게 되니까.** 다시 말해, 돈을 잃는다는 공포심이 사라지기 때문에 '가능한 한 돈을 남겨둔다'는 생각도 없어지게 되지.

나   아핫, 맞네요! **지금 저한테 있는 돈은 언젠가 누군가에게 가겠지만, 동시에 누군가의 돈도 언젠가 제게로 오게 된다는 거죠?**

돈 할배   그렇지. 그리고 그런 생각에서부터 더 큰 변화가 생기는 거야.

돈을 받아들이는 '그릇'

돈 할배   사람은 저마다 돈을 받아들이는 '그릇'을 갖고 있어. 이 그릇이 클수록 돈이 들어오기 쉬워지지. **그리고 이 그릇의 크기는 돈의 흐름을 얼마나 길게 상상할 수 있는가로 결정돼.** 바로 눈앞의 돈밖에 보지 못하는 사람은 그릇이 작아. 그 반면에 돈의 흐름을 멀리까지 내다보는 사람의 그릇은 저절로 커지기 마련이야.

나   돈의 흐름을 멀리 내다볼 수 있으면 돈을 받아들이는 그릇이 커진다니, 더 많은 돈이 들어온다는 건가요?

돈 할배   그래!

나   에이, 거짓말하지 마세요. 월급 외의 돈이 들어온다니, 어떻게 그럴 수 있죠?

돈 할배   자, 내 말을 더 들어봐. 기왕 돈의 흐름을 볼 수 있게 되었으니 앞으로는 이렇게 생각하는 게 좋지 않겠어? **'돈이 이 세상에 끊임없이 흐르고 있다면 나를 더 많이 거쳐가도 좋지 않을**

까?'라고 말이야.

나   그건 너무 큰 욕심 아닌가요?

돈 할배   내 말을 오해해서는 안 돼. 이건 다른 사람의 돈을 빼앗는다거나 돈을 쌓아놔서 흐름을 막는 게 아니야. 물론 눈에 불을 켜고 돈을 좇는 것도 아니지. 그저 '어딘가에서 흘러들어오고 또 어딘가로 흘러나간다, 이렇게 나를 거쳐가는 돈이 더 늘어도 되지 않을까'라고 가볍게 생각해보자는 거야.

나   '많이 나가는 만큼 많이 들어온다'고요?

돈 할배   그렇지! 그리고 매일 가벼운 마음으로 중얼거려봐. 그러면 우리랑 한 발짝 가까워질 거야.

✓ 돈복이 생기는 부자 마인드 ❻

□ 내가 받은 돈이 어디에서 온 것인지를 생각하면 끝이 없다. 내가 쓴 돈의 흐름도 마찬가지다.

□ 즉 나를 포함한 많은 사람이 돈을 주고받고 있다. 이 말은, 돈은 항상 흐르고 있다는 뜻이다.

□ 돈을 받으면 기쁜 것처럼 내가 돈을 쓰면 누군가도 기뻐한다. 이러한 사실을 생각하며 기쁜 마음으로 돈을 쓰자.

□ 돈은 항상 흐르고 있다. 그 흐름 안에 나도 있다는 걸 염두에 두면 '돈을 잃을 수 있다는 공포'가 사라지고 '언젠가 다시 돈이 돌아온다'고 믿을 수 있다.

□ 돈의 흐름이 보이면 보일수록 '돈을 받아들이는 그릇'도 커진다.

이상하게 돈 걱정 없는 사람들의 비밀

돈을 쓰면 쓸수록 이득을 본다고?

사람은 돈 대신 무엇을 얻을까?

돈 할배   지금까지 내 이야기를 들은 소감이 어때? 이
제 돈을 쓰는 것에 대한 불만이나 돈이 사라질
지도 모른다는 공포가 좀 사라졌지? 자, 그럼
이제 또 다른 중요한 이야기를 해볼까.

나   '돈을 쓴다'는 건 '돈이 사라진다'가 아니라
'돈을 흐르게 한다'. 그리고 '나간 돈은 언젠가
다시 들어온다!' 이제 이 법칙을 알았으니 충

분해요!

돈 할배   쯧쯧, 성급하긴! 내 말은 아직 끝나지도 않았어. **내가 알려주고 싶은 또 하나는 돈을 쓰면 쓸수록 득을 본다는 사실이야.**

나   저도 이제 다 안다니까요! 기쁘게 돈을 쓰는 사람한테는 더 많은 돈이 들어오니까 결과적으로 이득을 본다는 거, 맞죠?

돈 할배   어이쿠! 지금 네 머릿속엔 돈 벌 생각밖에 없지? 그래서는 더 많은 돈이 들어오기 힘들어.

나   왜죠? 조금 전에 하신 말씀이랑 다른데요?

돈 할배   물론 기쁘게 돈을 쓰는 사람은 받을 때도 기쁘게 받을 수 있어. 그런 사람은 우리를 끌어당기지. 하지만 **여기서 중요한 건 '돈 대신에 무엇을 얻느냐'**야.

나   음, 그야 상품이나 서비스죠!

돈 할배   전에 말한 물물교환 이야기, 기억하지?

나   당연하죠! 어부와 나무꾼 이야기잖아요.

돈 할배   그때 어부가 느끼는 버섯의 가치와 나무꾼이 느끼는 생선의 가치에 대해 뭐라고 말했지?

나 　 물물교환은 일대일 교환이 아니라 서로가 1 이상을 내놓고 1 이상을 얻는 거라고 하셨어요. 상황에 따라 물건의 가치는 바뀌기 때문에 이런 일이 발생하는 거라고…. 맞죠?

돈 할배 　 그래. 제법이구나! 어부는 생선을 내놓고 버섯을 얻으면서 이득을 보는 것. 나무꾼은 버섯을 내놓고 생선을 얻으면서 이득을 보는 것. 본질적으로 이것과 같은 일이 네가 돈을 쓸 때도 일어나지.

나 　 도대체 그게 무슨 말씀이시죠…?

세상의 모든 가게가 사라진다면 어떻게 될까?

돈 할배 　 조금만 상상력을 발휘한다면 지금부터 내가 하는 말도 쉽게 이해할 수 있을 거야. 우선 네가 오늘 어디에 돈을 썼는지부터 말해봐.

나 　 편의점에서 도시락을 샀어요.

돈 할배 　 만약에 이 세상 어디에서도 도시락을 팔지 않는다면 그땐 어떡할 생각이지?

나　할 수 없이 재료를 사다가 음식을 직접 만들겠죠. 이래 봬도 제가 요리에는 자신 있거든요!

돈 할배　오호라, 요리에 꽤나 자신 있나 보구나. 그럼 이 세상 어디에서도 식재료를 팔지 않는다면 그때는?

나　식재료를 안 판다고요? 이 세상 어디에서도요? 그건 상상조차 쉽지 않은데요….

돈 할배　그땐 어떻게든 스스로 재료를 구할 수밖에 없겠지? 생선이 먹고 싶다면 낚시를 하고, 고기가 먹고 싶다면 사냥을 하고. 또 야채나 쌀이 먹고 싶으면 밭을 일구고 씨를 뿌려야겠지.

나　그런 건 전혀 해본 적 없는데 어떡하죠?

돈 할배　**하지만 현실에서는 지금 말한 모든 일을 네가 하지 않아도 되잖아? 그건 왜 그렇지?**

나　생선, 고기, 야채, 쌀 모두 가게에서 살 수 있으니까요. 게다가 그것들로 만든 다양한 도시락도 언제든지 살 수 있잖아요.

돈 할배　그렇지. 그럼 네가 그것들을 살 수 있는 이유는 뭐지?

나   그거야 돈이 있으니까 그렇죠…. 앗!

돈을 쓸 때마다 감사함을 느껴보자

돈 할배   드디어 눈치를 챘구나? 네가 낚시를 하지 않
아도, 사냥을 하지 않아도, 밭농사를 짓지 않
아도 되는 건 모두 우리 덕분이라는 사실! 네
가 일하고 받은 돈이 있으니까 언제든지 먹고
싶은 걸 살 수 있는 거지.

나   정말 그렇네요. 나무꾼이 낚시하지 않고도 생
선을 얻을 수 있는 것처럼, 어부가 산에 가지
않고 버섯을 얻을 수 있는 것처럼, **저는 일하
고 받은 돈 덕분에 언제든지 원하는 걸 살 수
있네요.** 그동안 당연해서 미처 몰랐는데 새삼
감사한 마음이 들어요!

돈 할배   물론 음식뿐만이 아니라는 건 이미 알아차렸
겠지?

나	당연하죠! 제가 사는 물건이나 서비스, 체험, 모든 것이 다 포함되잖아요. 정말로 돈은 '요술 지팡이'가 맞나 봐요!
돈 할배	자, 그럼 너는 돈을 내기만 하면 원하는 걸 얻을 수 있으니 득 본다는 생각이 들지 않니?
나	그러고 보니 얼마 전에 1500원짜리 무를 하나 샀는데요, 농부가 몇 달간 고생하며 키운 무가 하나에 고작 1500원이라고 생각하니 왠지 눈물이 날 것 같았어요.
돈 할배	넌 언제나 감정 표현이 솔직하구나. **사람들이 돈을 쓰는 건 자신의 욕구를 충족하기 위해서야. 바꿔 말하면 '지금보다 좋아지고 싶어서' 지. 그런데 어딘가에서 너를 대신한 누군가가 거기에 필요한 것들을 만들어주고 있는 거야. 그리고 그걸 네가 돈을 내고 가져가는 거지.** 돈을 받으면 기쁜 것처럼 돈을 쓰는 것도 누군가를 기쁘게 하는 거라고 했지? 그뿐만 아니라 지금 말한 것도 돈을 쓸 때 꼭 떠올려봐. 기쁜 마음으로 돈을 쓸 수 있는 사람이 되고 싶

이상하게 돈 걱정 없는 사람들의 비밀

다면 말이야.

나　　돈을 쓸 때마다 오히려 이득을 보고 있다고 말이죠?

돈 할배　　그래. 그걸 항상 자각할 수 있다면 정말 최고지. **많은 사람이 돈을 쓰는 건 마이너스라고 생각하는 것 같은데, 그건 큰 착각이야. 사실 돈을 쓰는 행위는 자신을 플러스로 만들어줘. 너희는 이득을 보고 있는 거라고!**

네가 조금 전에 '스스로 만들어낼 수 없는 것을 다른 사람으로부터 살 수 있다고 생각하니 감사한 마음이 든다'고 했지? 그 마음이 아주 중요해. 즉 돈을 쓸 때 '감사'할 수 있다는 게 포인트야.

오늘 마지막으로 중요한 이야기를 해줄 테니 잘 들으렴. **인간은 '기쁨과 감사'라는 감정과, '불안과 공포'라는 감정을 동시에 느끼지 못해. 그래서 돈을 쓸 때 기뻐하고 감사해하면, 돈을 잃는다는 불안과 공포는 느낄 수 없게 돼. 이거야말로 우리를 끌어당기는 마인드야.**

돈을 쓸 때마다 '이득을 봤다'고 생각하자

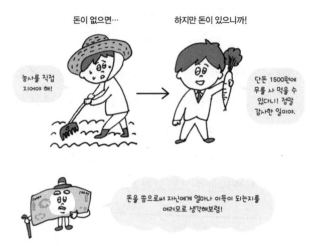

돈이 없으면…

농사를 직접 지어야 해!

하지만 돈이 있으니까!

단돈 1500원에 무를 사 먹을 수 있다니! 정말 감사한 일이야.

돈을 씀으로써 자신에게 얼마나 이득이 되는지를 여러모로 생각해보렴!

나　　돈을 쓰면 득을 본다. 이걸 알면 '감사'하는 마음으로 돈을 쓸 수 있다. 이거야말로 진정으로 기쁘게 돈을 쓴다는 거네요!

　　　　　　　이상하게 돈 걱정 없는 사람들의 비밀

✓ **돈복이 생기는 부자 마인드 ❼**

☐ 돈이 있으면 큰 수고로움을 들이지 않더라도 언제든지 원하는 것을 살 수 있다(누군가가 만들어놓은 걸 사면 되니까).

☐ 사람이 무언가를 사는 것은 '지금보다 좋아지고 싶어서'다. 이 말은 곧 돈을 씀으로써 그 이상을 얻을 수 있다는 걸 의미한다.

☐ 즉 나는 돈을 쓸 때마다 이득을 보고 있다. 따라서 돈을 쓰는 것은 '마이너스'가 아니라 '플러스'가 되는 것이다.

☐ 이 모든 것은 정말로 감사한 일이므로, 이런 마음가짐으로 돈을 써야 한다!

기쁘게 돈을 쓰는 방법

행복의 문턱을 낮춰봐

돈 할배   자, 이번엔 돈을 기쁘게 쓰는 방법을 알려줄게.

나   돈을 기쁘게 쓰는 사람은 기쁘게도 받을 수 있
다고 이미 알려주셨는걸요? 돈으로 원하는 걸
살 수 있다는 거에 감사함을 느끼면 기쁘게 돈
을 쓸 수 있게 되는 거, 아니에요?

돈 할배   그것만으로는 아직 부족해. 정말로 기쁜 마음
으로 그리고 감사하는 마음으로 돈을 쓰려면,

머리로 이해한 걸 마음으로도 느껴야 하거든. **그러기 위해서는 '음미하기'가 최고지.**

너는 별다른 노력을 하지 않아도 돈을 내면 필요한 것, 원하는 것을 얻을 수 있어. **그런 기쁨을 '됐다! 원하던 게 이루어졌어', '기쁘다', '감사하다'처럼 자신에게 가장 와닿는 말로 외치고 음미하는 거야.**

나　꼭 그렇게까지 해야 하나요?

돈 할배　당연하지! 게다가 있는 힘껏 외치는 게 좋아. 물론 불가능한 상황이라면 마음속으로만 외쳐도 돼. 근데 이걸 일상적으로 실천하려면 요령이 필요해.

바로 '행복의 문턱'을 낮추는 거야.

나　행복의 문턱이라뇨?

지금의 '당연함'은 당연한 게 아니야

돈 할배　**너희 인간들은 많은 것들을 '보통'이다 혹은**

'당연'하다고 생각하더구나. 그러다 보면 그런 것들에는 기쁨이나 감사를 느끼지 않게 돼. 즉 행복의 문턱만 높아질 뿐이야. 문제는 돈을 쓰는 기쁨이나 감사를 음미할 기회도 줄어든다는 점이야. 그러니까 행복의 문턱을 낮추고 지금까지 보통이라 생각했던 것, 당연하다고 생각했던 것에서도 행복을 발견할 수 있어야 해.

나   그렇게 되면 마음 깊이 음미할 기회도 늘어난다는 건가요?

돈 할배   그렇지. 얼마 전에 네가 무를 생산하기까지 들어간 농사꾼의 수고로움을 떠올리며 감사해했잖니? 그런 마음가짐으로 다른 것도 대해봐. 적은 돈을 쓰면서도 기쁘고 감사하는 마음이 저절로 생겨날걸? 설령 물건 가격이 오르더라도 예전만큼 화도 안 날 테고 말이야.

나   그건 아닌 것 같아요! 가격이 오르는 건 생각만으로도 짜증 나는걸요?

돈 할배   그건 그 가격이 너한테 '보통'이고 '당연'한 거라서 그래. 어떤 제품 때문에 이렇게까지 화가 낮는지는 모르겠지만, 그게 너에게 오기까지 들어간 사람들의 수고로움과 과정을 한번 떠올려봐.

물론 터무니없는 가격에 파는 물건에까지 그럴 필요는 없어. 다만 지금껏 '보통이다', '당연하다'고 여겼던 상품의 가격이 과연 정말로 적당한지, 인상 후의 가격이 화를 낼 만큼 잘못된 건지를 다시 한번 생각해보라는 거야.

나 사실 제가 이용하는 앱의 월정액이 1000원 오른 걸 보고 비싸다고 투덜거린 적이 있거든요. 그런데 돈 할배의 말씀을 들으니 매달 그 금액으로 그만큼의 풍부한 서비스를 즐길 수 있다는 사실 자체가 대단한 거 같아요. 1000원이 아니라 그 이상의 돈이 오르더라도 이제는 납득할 수 있어요.

돈 할배 **네 말대로 그 서비스를 제공하기 위해 얼마나 많은 사람의 피, 땀 그리고 눈물이 들어갔을지를 생각한다면 가격이 좀 오르더라도 괜찮을 거야.**

| 나 | 알겠습니다! 앱을 이용할 때마다 음미할게요! |
| 돈 할배 | 좋았어! |

인상이 좋은 사람에게서 물건 사기

돈 할배	이쯤에서 한 가지 더 알려줄게. **기쁨과 감사하는 마음으로 돈을 쓰는 요령 그 두 번째는 가능하면 '인상이 좋은 사람'한테 사는 거야.** 이를테면 미소가 멋진 사람, 기분 좋게 응대하는 사람한테 사는 거지. 그러면 돈을 쓰면서도 기분이 좋아지겠지?
나	어! 그러고 보니 자주 가는 편의점의 점원이 언제나 웃는 얼굴을 하고 있어서 계산할 때마다 덩달아 제 기분도 좋아져요.
돈 할배	바로 그거야. 그런데 한 가지 주의할 점은 '그러고 보니'가 아니라, 물건을 살 때는 좀 더 그 점을 의식해야 해. 그럴 수 없을 때도 있겠지만, 가능한 한 '인상이 좋네'라거나 '멋진 사람

이상하게 돈 걱정 없는 사람들의 비밀

이네'라고 느껴지는 사람한테 사는 거야.

나 　정말 그렇게 하면 더 기분 좋게 돈을 쓸 수 있을 것 같아요. 그럼 기쁨과 감사를 음미할 기회도 더 늘어나겠죠?

돈 할배 　그렇지! 물론 애초에 '돈을 씀으로써 이득을 본다'고 생각하면 감사의 마음은 자연스레 생겨나기 마련이야. 하지만 기쁨과 감사를 더 확실하게 느끼려면 '좋은 기분으로 물건을 산다'고 의식하는 것도 필요해.

나 　'인상이 좋은 사람'한테 물건을 사면 기분이 좋다는 것도 중요하단 거네요.

돈복이 생기는 부자 마인드 8

☐ 물건을 살 때마다 '내가 원하는 것을 살 수 있다'는 것에 감사한 마음을 갖는다.

☐ '행복의 문턱'을 낮추면 지금까지 당연하게 여겼던 것에도 감사하는 마음이 생긴다.

☐ '인상이 좋다'고 생각하는 사람에게서 물건을 사면 기쁨과 감사하는 마음이 더 커진다.

이상하게 돈 걱정 없는 사람들의 비밀

3장

'쓰는 법'을 바꾸면
'받는 법'도 달라진다

긍정적인 사람일수록 부자가 된다

돈은 사람의 기분을 증폭시킨다

나   저는 지금까지 '어떻게 해야 돈이 더 들어올
         까'라고 막연하게만 생각했어요. 하지만 돈
         할배의 말씀을 듣다 보니 돈을 대하는 태도가
         더 중요하다는 걸 깨달았어요.

돈 할배   거기까지 생각하다니 대단한걸? 그런데 어떤
         게 더 중요하다기보다 문제는 순서에 있어. **우
         리를 대하는 방법을 바꾸지 않으면 막상 큰돈**

이 들어와도 행복한 부자가 되기 어렵거든.

나 　행복한 부자랑 불행한 부자는 돈을 대하는 방식에 따라 나뉘는 건가요?

돈 할배 　물론이지. 우리는 사람의 기분을 증폭시키는 경향이 있거든.

나 　**돈이 사람의 기분을 증폭시킨다고요? '부정적인 사람은 더 부정적으로, 긍정적인 사람은 더 긍정적으로 바꾼다'는 말씀이세요?**

돈 할배 　맞아. 부정적인 사람이 돈을 손에 넣으면 부정적인 기분이 증폭돼. 그래서 얼마가 있든 만족하지 못한 채 돈을 잃을까 두려워 쌓아두거나, 불안감을 채우기 위해 이상한 데다가 돈을 쓰곤 하지.

나 　이상한 데요?

돈 할배 　예를 들어 가족을 내팽개치고 바람을 피우면서 재산을 탕진한다거나, 유흥비로 돈을 날린다든가 하는 그런 사람들 있잖아.

나 　아…!

돈 할배 　물론 돈을 받은 사람들은 그 용도가 어떻든지

간에 기쁠 거야. 하지만 잘 생각해봐. 그런 소비의 밑바탕에 깔린 건 허세야. 그러니 그런 식으로 돈을 쓰면 아무리 쓴다 한들 헛헛한 마음을 채우지 못해. 게다가 가장 소중한 사람들을 슬프게 만들지. 돈을 흐르게 할 수는 있겠지만 좋은 방법은 아니야. 그런 의미에서 그들은 전형적인 불행한 부자라고 할 수 있지.

나   그렇다면 **돈을 흐르게만 하면 되는 게 아니라, 쓰는 방법도 중요한 거네요.** 그럼 긍정적인 사람이 돈을 갖고 있으면 어떻게 되죠?

부정적인 마음 습관 고치기

돈 할배   좋은 질문이야! **긍정적인 사람이 돈을 가지면 긍정적인 기분이 증폭돼. 그런 사람은 돈을 잃는 것에 대한 공포심도 적어.** 이미 마음이 충족되어 있기 때문이지. 그래서 허세를 부리지 않고 다른 사람을 기쁘게 만드는 방법으로 돈을 써. 그리고 이미 알겠지만 그런 방식이 가능한 사람일수록….

나 그 사람을 스쳐가는 돈도 늘어나니까 더 부자가 되는 거죠?

돈 할배 그렇지! 그리고 **그런 행복한 부자가 되기 위해서는 무엇보다도 자신의 마음 습관을 고치는 게 중요해.**

나 마음 습관이요? 그렇다면 앞으로는 저도 긍정적인 마음으로 돈을 대해볼게요!

돈 할배 자, 그럼 지금부터 두 가지 훈련법을 알려줄게. **첫 번째는 '홈스테이할 곳'을 발견하는 거야.**

나 홈스테이요?

돈 할배 그래. 하루 종일 영어로만 이야기해야 하는 상황에 놓이면 말문이 빨리 트이겠지? 마찬가지로 긍정적으로 돈을 대하고 싶으면, 돈을 긍정적으로 생각하는 사람과 가까이하면 돼. **쉽게 말해 행복한 부자의 제자가 되는 거지.**

나 그건 전혀 쉬운 방법이 아닌데요?

돈 할배 걱정하지 마. 행복한 부자 중에는 책이나 동영

돈을 쓸 때마다 '이득을 봤다'고 생각하자

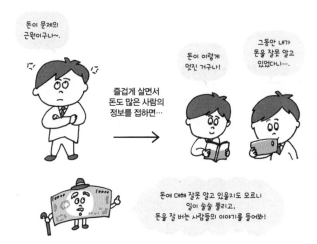

상으로 정보를 알려주는 사람도 많으니까. **그런 것들을 매일 보기만 해도 그들이 어떤 생각으로 돈을 대하는지 알 수 있어.**

나   책이랑 동영상! 그런 거라면 지금 당장이라도 할 수 있어요!

세상에 풍요로움을 흐르게 하고 있다는 것을 실감하기

나   그럼 나머지 하나는 뭐예요? 돈 할배, 빨리 좀 가르쳐주세요!

돈 할배   사실 전에도 말한 적이 있지만 다시 한번 설명 해줄게. 키포인트는 '상상력'이야. 내가 쓴 돈 이 어디로 갈지 가능한 한 멀리까지 상상해보 는 거야.

너 혹시 커피 좋아하니?

나   그럼요! 좋아하는 카페에서 매일 '오늘의 커 피'를 마시는걸요.

돈 할배   자, 네가 카페에 낸 돈은 그곳 직원의 월급으 로 나가거나 재료를 사는 데 쓰이겠지? 만약 그 카페의 직원이 학생이라면 받은 알바비로 좋은 옷을 사거나, 친구와 맛있는 걸 먹으러 갈 수도 있겠지. 그것도 아니면 공부하는 데 필요한 책을 살 수도 있고 말이야. 중요한 건 이런 식으로 **일상 속에서 쓴 돈이 어디로 흘러 갈지를 상상해보는 거야.**

나　　　제가 쓴 돈의 흐름이라고 하면 고작 몇천 원일 텐데 그것도 괜찮나요?

돈 할배　금액은 전혀 문제가 안 돼. **중요한 건 내가 돈을 씀으로써 이 세상에 풍요로움을 흐르게 한다는 것을 실감하는 거야.** 그러면 마음이 따스해지면서 풍요로워지거든. 이 훈련은 스스로가 풍요로움을 흐르게 한다는 걸 실감하는 것과 동시에, 자신의 마음도 풍족하게 하기 위한 거야.

나　　　그런 거군요! 그럼 이 훈련을 계속해나가면 돈을 좀 더 긍정적으로 생각하게 되겠죠?

돈 할배　그렇지. **인간은 무의식적으로 예전의 상태로 돌아가려는 경향이 있어. 그래서 마음 습관을 긍정적으로 바꾸려면 돈을 쓸 때마다 풍요로움의 흐름을 상상하고, 그 흐름을 만들어내는 자신을 실감하는 반복 연습이 필요해.** 단, 한 가지 주의할 게 있어.

나　　　그게 뭔데요?

자기희생에 빠져서는 안 돼

돈 할배   **다른 사람을 기쁘게 하는 것에 너무 빠지면 자신의 기쁨은 뒤로 밀려날 수도 있어. 이것만은 반드시 피해야 해.**

나   자기 자신을 희생하면서까지 다른 사람을 기쁘게 하는 건 의미가 없다는 거죠?

돈 할배   의미가 없는 정도가 아니라, 오히려 역효과야. 예를 들어 네가 마시는 커피 한 잔은 너를 위한 거잖아? 그런데 동료들을 위한답시고 무리해서 매일 열 잔씩 산다고 생각해봐. **그런 식으로 자기를 희생하면 결국 부정적인 마음이 들기 쉬워.**

나   '내가 이렇게까지 해줬는데 왜 쟤는 나한테 이거밖에 안 해주지?'라고 생각하는 거요?

돈 할배   그렇지. **그러니까 가장 우선시해야 할 것은 자신을 기쁘게 하는 거여야 해.** 어디까지나 자신의 행복을 위해 쓴 돈, 그것이 어떻게 흘러가 어떤 기쁨을 만들어낼까를 상상해보는 거야.

✓ 돈복이 생기는 부자 마인드 ☺

☐ 부정적인 사람은 돈이 생기면 부정적인 기분이 증폭되어 이상한 방식으로 돈을 써버린다.

☐ 긍정적인 사람은 돈이 생기면 긍정적인 기분이 증폭되어 좋은 방향으로 돈을 쓴다. 그리고 이런 사람에게 돈이 흘러들어오는 법이다!

☐ 긍정적인 사고를 익히기 위한 훈련법(1): 롤 모델이 될 만한 이상적인 부자와 가까워진다. 이 방법이 어렵다면 책이나 동영상을 보면서 배워보자.

☐ 긍정적인 사고를 익히기 위한 훈련법(2): 돈을 쓸 때마다 그 돈의 흐름을 구체적으로 상상해보면서 자신이 '다른 사람을 기쁘게 하고 있다'는 것과, '이 세상에 풍요로움을 흐르게 하고 있다'는 것을 실감한다.

☐ 자신을 희생하면서까지 다른 사람을 기쁘게 할 필요는 없다.

돈이 늘 우리의 얼굴을 보고 있다고?

쉽게 번 돈은 쉽게 쓴다

돈 할배   여기까지 들어본 소감이 어때? 돈을 쓸 때의
마음가짐은 이제 납득이 가니?

나   네. 전에는 '돈을 쓴다＝돈이 사라진다＝마
이너스가 된다'고 생각했기 때문에 돈을 쓸
때마다 손해 본다고 느꼈거든요. 그런데 지금
은 돈으로 여러 가지 물건을 살 수도 있고, 일
도 할 수 있다고 생각해서인지 기쁘고 감사한

마음뿐이에요. 제가 단순한 건지, 귀가 얇아선 지는 모르겠지만요.

돈 할배 그게 너의 가장 큰 장점이잖니. **솔직한 사람일 수록 발전이 빠른 법!**

나 그런데 돈 할배, 한 가지 궁금한 게 있는데요, 여쭤봐도 될까요…?

돈 할배 뜸 들이지 말고 얼른 말해봐.

나 돈을 쓰는 방법이 중요하다는 건 알겠거든요? 그런데 쓴다는 게 곧 돈이 흘러나가는 거니까…. 어떻게 해야 돈이 더 들어오는지 알려주시면 안 될까요?

돈 할배 그럼 그렇지. 돈 쓰는 법은 이제 됐고, 버는 법이 궁금하다는 거지? 방법은 아주 쉬워. **그건 바로 쉽게 버는 거야.**

나 네? 제가 제대로 들은 게 맞나요?

돈 할배 하여간 재밌는 녀석이라니까. 너는 잘 모르겠지만, 이 세상에는 돈을 쉽게 버는 사람들이 많아. 그런 사람들은 힘들게 번 돈이 아니니 대부분 쉽게 쓰지. 그러니까 **쉽게 벌어서 쉽게**

**쓰고, 또다시 쉽게 번다…. 이런 식으로 선순환
이 완성되는 거지.**

나 　　　잠깐만요. 갑자기 그런 얘길 하시면…. 돈을
　　　　　쉽게 버는 거 자체가 저한텐 너무 어려운 일인
　　　　　데요!

돈 할배 　그거야 그렇지.

나 　　　네? 그게 끝이에요? 쉽게 돈 버는 방법 같은
　　　　　건 없어요?

돈 할배 　있긴 하지만 지금의 너한테는 너무 이른 것 같
　　　　　은데?

나 　　　네? 그럼 저는 어떡해요?

'버는 법'보다 '쓰는 법'을 바꿔야 해

돈 할배 　애초에 내가 왜 돈 쓰는 법부터 이야기했는지
　　　　　내 깊은 뜻을 이제 알겠어?

나 　　　돈 버는 법보다 쓰는 법이 중요해서 아닌가요?

돈 할배 　**그것도 맞지만 진짜 이유는 돈 버는 법을 익히**

는 것보다 쓰는 법을 조절하는 게 더 쉽기 때문이야. 게다가 쓰는 법을 바꾸면 버는 법도 달라지거든.

즉 쓰는 법부터 접근하는 게 더 효율적이란 말씀! 만약에 좋아하는 일을 해서 돈을 벌어보라는 말을 들으면 너는 바로 실행할 수 있겠어?

나 　그건 힘들지 않을까요? 성공한다는 보장도 없으니까요.

돈 할배 　그렇지? 대부분은 돈 버는 법을 갑자기 바꾸는 걸 힘들어해. 그러니까 우선은 쓰는 법부터 바꿔보는 거야. **쉽게 벌고 싶으면 쉽게 쓰면 돼. 전에 말한 '투영' 이야기를 떠올려봐.**

나 　투영이라면, 기쁘게 돈을 쓰는 사람은 타인도 기쁘게 돈을 쓴다고 생각하니까 받을 때도 기쁘게 받는다는 그 얘기죠? **돈을 쉽게 쓰는 사람은 다른 사람도 쉽게 쓴다고 생각하니까 자기도 쉽게 돈을 받을 수 있다**는 거잖아요! 결국 다 같은 말이네요.

돈 할배   그렇다니까. 내가 하고 싶은 말은 몇 마디 안 돼. 그저 네가 제대로 이해하고 확실히 실행할 수 있게 이 방법 저 방법을 다 써가며 설명해주고 있는 거라고!

나   앗! 이해력이 달려서 죄송합니다!

돈 할배   그렇다고 너를 탓하는 건 아니야. 어쨌든 **우리랑 친해지려면 느끼는 것에서 의식하는 걸로 바꿔야 해. 그러고 나서 행동하는 걸로 바꿀 필요가 있어.** 그건 몇 마디만 듣고 바로 실행할 수 있을 만큼 쉬운 게 아니야. 그러니 머리로만 이해할 게 아니라 마음에 와닿을 때까지 몇 번이고 반복, 연습해야 해.

나   우선 감정부터 바꾸는 훈련이 필요하겠네요.

돈 할배   그렇지. **지금 돈이 별로 없는 건 돈과 인연이 없다는 생각에 사로잡혀서 그래.** 하지만 다행히도 너희 인간은 재교육이 가능한 존재니까! 결국에 난 너에게 재교육에 필요한 훈련법을 가르쳐주고 있는 셈이지.

나   헬스장에서 PT 받는 거랑 비슷하네요!

                            이상하게 돈 걱정 없는 사람들의 비밀

돈 할배   맞아. 몸을 단련하는 방법이 한 가지만 있는
         것도 아니잖니? 전신을 균형 있게 단련해야
         좋은 몸이 만들어지는 것과 같은 셈이지. 자,
         그럼 지금부터 돈을 쉽게 쓰는 방법을 한 가지
         알려줄게.

나   이것도 훈련의 일환이겠네요.

돈 할배   훈련이라고 해봤자 간단해. 우선 1000원 정도
         를 아무 생각 없이 써봐. 만약 이 정도의 금액
         은 평소에도 별생각 없이 쓴다면 5000원이나
         만 원을 써보는 거야.

나   평소에 쉽게 쓰지 못했던 금액을 써보라는 말
         씀이신가요?

돈 할배   그래. **지금까지는 고민하며 썼던 금액을 한번
         쉽게 써보는 거야. 그리고 점점 더 금액을 올려
         봐.** 그러면 편한 마음으로 돈을 받을 수 있게
         되고, 쉽게 돈이 들어오는 토대가 만들어질
         거야.

돈을 쓸 때, 나는 어떤 '얼굴'을 하고 있을까?

나   '나를 위해 돈을 쓰면 나와 돈을 받는 상대 모두 기쁘게 할 수 있다. 즉 이 세상에 풍요로움을 흐르게 하는 것이다.' 이렇게 생각하면 마음이 가벼워진달까요, 전보다는 기분 좋게 돈을 쓸 수 있을 것 같아요!

돈 할배   후훗, 앞으로 네가 어떤 '얼굴'로 돈을 쓸지 기대되는걸? 우리는 항상 널 보고 있어서 언제든지 확인할 수 있거든.

나   네? 제 얼굴을 볼 수 있다고요? 그럴 리가 없잖아요. 돈은 그저 돈일 뿐인데….

돈 할배   무례하기 짝이 없구먼! 우리한테는 네 얼굴이 제대로 보인다고. 그게 언제더라. 네가 마트에서 비싼 휴지를 샀던 게…? 꽤 불만스러운 표정이었는데….

나   그때라면… 늘 사던 저렴한 휴지가 없어서 어쩔 수 없이 비싼 걸 샀거든요. 아니 근데 어떻게 그런 것까지!

돈 할배   <u>크크크.</u> 지폐를 잘 보렴. 사람 얼굴이 그려져 있지?

나   얼굴이라니…, 설마 위인의 얼굴이요?

돈 할배   그래. 우리는 늘 그들의 눈을 통해 돈 쓰는 사람의 얼굴을 보고 있거든. 뭐야, 여태 그런 것도 몰랐다니….

나   저뿐만 아니라 대부분이 모를걸요?

돈 할배   그래? **그렇다면 앞으로는 너만이라도 네 얼굴이 우리에게 어떻게 보일지 의식하며 돈을 써봐.**

나   그것도 좋은 훈련이 될 것 같아요. 가능한 한 좋은 얼굴을 보여주고 싶으니까요!

돈 할배   맞아. **우리도 좋은 얼굴로 우리를 보내주는 사람 곁에 친구들을 끌고 돌아오고 싶거든.**

돈복이 생기는 부자 마인드 ❿

☐ 돈을 쉽게 버는 사람은 쉽게 쓴다. 쉽게 쓰는 사람은 쉽게 번다. 따라서 쉽게 쓰는 것부터 접근해야 한다.

☐ 쉽게 쓰는 훈련: 1000원에서 5000원 정도의 소액을 아무 생각 없이 써본다.

☐ 돈은 항상 우리를 보고 있다. 그러니 '좋은 표정'으로 돈을 써야 한다.

손해를 봤을 때는 이렇게 생각해봐

불운은 웃어넘기기

나 　　 돈이 항상 제 얼굴을 보고 있는 걸 알았으니 이왕이면 좋은 얼굴로 돈을 써야겠네요. 물론 마음먹은 대로 안 될 때도 있겠지만요.

돈 할배 　 호오, 그래?

나 　　 돈 할배는 잘 모르시겠지만, 사람들은 돈을 쓸 때 자기도 모르는 사이에 혀를 찰 때도 있거든요. 예를 들어 맛있다고 소문난 가게에 갔는데 맛이 없었다든가 하는 경우요. 그럴 땐 음식값을 내면서도 마음속으로는 '내 돈 돌려줘~!'라고 외치거든요.

돈 할배 그러니까 네 말은 납득할 수 없는 돈을 써야 할 때 화가 난다는 거지?

나 네, 그게 사람이면 누구나 가질 수 있는 보통의 마음이라는 거죠. 그런 상황에서 억지로 웃으며 돈을 쓴다는 건 저한테는 힘든 일이에요.

돈 할배 하긴 기대가 크면 실망도 큰 법이니까. 하지만 그 상황을 어떻게 받아들이냐에 따라 기분은 얼마든지 좋아질 수 있어.

나 어떻게요?

돈 할배 간단해. 웃어넘기면 그만이야.

나 네? 저는 웃는 게 힘들다고 했는데요?

돈 할배 그렇게 버럭 하지 말고 가볍게 생각해봐. 맛있다고 소문난 가게에 찾아갔다고 치자. 그런데 맛이 전혀 없다면 '왜지? 왜 맛이 없지? 그럴 리가 없는데? 무슨 일이 생겼나? 요리사가 배탈이 났나?'라고 생각해보는 거야. 어때, 왠지 웃음이 나지 않아?

나　　'개인적인 일 때문에 요리사가 제정신이 아니었다'라든가 '내 입맛에만 맞지 않을 뿐이다' 뭐, 이런 식으로요?

돈 할배　그렇지. 그런 식으로 웃어넘기면 그뿐이야. 만약 중요한 자리였다고 해도 "다음에는 꼭 맛있는 곳으로 가요!"라고 하면서 다음 약속으로 이어질 수도 있지 않을까? "그때 그 가게 음식은 정말 맛없었죠"라면서 나중에 또 함께 웃을 수도 있고 말이야.

나　　음, 그렇게 생각할 수도 있겠네요.

돈 할배　그렇지? **물론 순간적으로 화가 나는 것까지는 어쩔 수 없지. 하지만 '좋은 얘깃거리가 생겼네!', '재밌는 에피소드네'라고 생각을 전환하면 돼.**

나　　그러면 '좋은 얼굴'까지는 아니더라도 '미소' 정도는 가능할 것 같아요!

돈 할배　그것만으로도 충분해! 불운이 닥쳐도 돈을 쓸 때는 기쁜 마음으로 내야 해. 그 점을 잊지 마.

손해를 봤을 때는
'재미있는 에피소드가 생겼네'라고 생각해보자

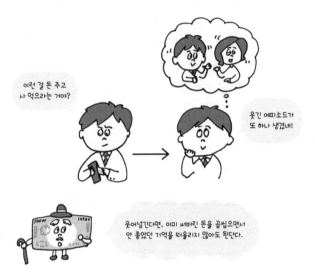

이런 걸 돈 주고
사 먹으라는 거야?

웃긴 에피소드가
또 하나 생겼네!

웃어넘긴다면, 이미 써버린 돈을 곱씹으면서
안 좋았던 기억을 떠올리지 않아도 된단다.

 돈복이 생기는 부자 마인드 ⑪

☐ 가능한 한 '좋은 얼굴'로 돈을 봐라. '손해를 봤다!' 또는 '내
돈 돌려줘!'라는 기분이 들 때는 '재미있는 에피소드'가 하
나 생겼다고 생각해보자.

이상하게 돈 걱정 없는 사람들의 비밀

돈 낭비가 정말 나쁜 걸까?

가치 없는 것에 돈 써보기

돈 할배   그러고 보니 꽤 많은 이야기를 나눴군. 피곤하
            겠지만 돈을 쓰는 법에 대한 설명이 아직 남았
            으니 이야기를 계속해도 괜찮지?

나   돈 쓰는 법의 마지막 수업인가요? 저야 뭐든
            다 좋아요!

돈 할배   **마지막으로 알려주고 싶은 건 '가치 없는 것'에
            돈을 써보는 것, 바로 이거란다.**

나 　 지금까지 말씀하셨던 거랑은 좀 다른 것 같은
데요? '자신을 기쁘게 하는 것, 즉 자신에게 정
말 가치 있는 것'에 돈을 써야 하는 거 아니었
나요?

돈 할배 　 물론 그것도 중요하지. 특히 아무 생각 없이
돈을 쓰는 사람은 자신을 기쁘게 하는 게 무엇
인지 곰곰이 생각해본 뒤에 돈을 써야 해. 하
지만 한편으로는 '가치가 없는 것'에 돈을 써
보는 것도 의미가 있어.

나 　 가치가 없는 것에도 의미가 있다고요? 그런
선문답 같은 말씀을 하시면 전 도무지 이해할
수가 없는걸요.

돈 할배 　 자, 일단 한번 들어봐. **왜 '가치가 없는 것'에
돈을 써보라는 거냐면 그건 쓰는 법이 추후의
'받는 법'과 관련이 있기 때문이야.**

나 　 쓰는 법이 받는 법에 영향을 준다고요? 그 말
씀은 지금까지 들은 이야기랑 비슷한 것 같은
데요.

돈 할배 　 오오, 꽤 예리한걸.

　 이상하게 돈 걱정 없는 사람들의 비밀

가치를 제공하지 못하는 사람은 가치가 없을까?

돈 할배 극단적으로 말하면 '가치가 없는 것'에 돈을
쓰는 건 자신도 '가치 없는 것'으로 돈을 받아
도 괜찮다는 뜻이랑 똑같아.

나 '가치가 없는 것'으로 돈을 받는다는 건, 사기
아닌가요?

돈 할배 하하하! 예상했던 대로군. 절대 그런 게 아니
야. 자, 잘 들어봐. 우선 이 세상은 '가치'를 중
시해. 그렇지?

나 네, 다른 사람과 차별화해 경쟁력을 갖추려면
자신만의 '부가가치'를 창출해야 한다는 말은
일할 때도 자주 들었어요.

돈 할배 그래. '나만의 부가가치를 창출한다.' 참으로
좋은 발상이지. 하지만 여기에는 한 가지 함
정이 숨어 있어. **'가치가 있는 것'에만 너무 중
점을 두다 보면, '가치를 제공하지 않는 사람은
가치가 없다'는 무시무시한 심리적 함정에 빠
지게 되거든.** 인간의 고민 대부분은 근본적으

로 심리적 함정에서 비롯되었다고 할 수 있지.

나　　저도 일할 때 '나는 아무런 가치가 없다', '내가 하는 일에 무슨 의미가 있을까?' 같은 생각을 한 적이 있어요.

돈 할배　　문제는 그런 생각은 돈을 받기 어렵게 하는 마인드를 만들어낸다는 거야. **'가치를 제공하지 않는 인간은 가치가 없으니 그런 사람은 돈을 받으면 안 된다'라는 식으로 말이야.** 이게 꽤 골치 아픈 건데 말이지….

나　　그럼 돈 할배, 이런 생각의 굴레에서 벗어나려면 어떻게 해야 하죠?

돈 할배　　그 방법이 바로 조금 전에 말한 '가치 없는 것'에 돈을 써보는 거야.

돈을 대할 때의 마음가짐

돈 할배　　너는 지금까지 돈 낭비가 무조건 나쁘다고 생각했지? 너뿐 아니라 인간 세상을 보고 있으면 다들 낭비는 몹쓸 짓이라고 질색하던데?

나 　그거야 돈은 한정된 것이니 쓸데없이 쓰면 안 된다고 생각하는 게 당연하잖아요.

돈 할배 　**그 생각을 잠시만 지우고, 한번 낭비를 해봐. 아무런 의미가 없는 것에 돈을 써보는 거야. 게다가 '없어지면 속이 좀 쓰린 금액'이라면 더욱 효과적이지.**

나 　으으~! 그건 못하겠어요!

돈 할배 　속는 셈 치고 해봐. 벌써 10년도 더 된 일인데, 한 젊은이한테 이 방법을 권한 적이 있거든. 그때 그 청년이 말하기를, 엄청 짜릿한 경험이었다면서, '반드시 가치 있는 것을 제공해야 한다'는 심리적 압박에서 벗어났다는 거야. 게다가 순식간에 매출까지 늘었대.

나 　에이, 그건 어디까지나 우연 아니었을까요?

돈 할배 　내가 좀 전에 말한 걸 떠올려봐.

나 　'가치가 없는 것'에 돈을 쓰면 자신도 '가치 없는 것'으로 돈을 받아도 괜찮다고 생각하게 된다는 그 말씀이요?

돈 할배	그래. 그 젊은이는 '가치가 없는 것'에 돈을 쓰기 시작하자 **'가치가 있는 것을 제공하는 자'만이 돈을 받아야 한다는 생각에서 벗어나게 돼서 편안하게 돈을 받을 수 있게 된 거지.** 그러다 보니 우리도 마음 편히 그 사람 곁으로 모이게 된 거고.
나	앗! 이것도 돈을 대하는 마음의 훈련인가요?
돈 할배	그렇지! **'가치 없는 것'에 돈을 쓰면 내가 '가치 없는 사람'이라도 돈을 받을 수 있다고 생각하게 되는 거야. 한마디로 돈을 받는 것에 대한 심리적 거부감에서 벗어난다는 뜻이야.** 이 훈련의 의미는 바로 거기에 있지. 어때? 해볼 마음이 들어?
나	으음, 아직 두렵긴 하지만… 한번 해볼게요!
돈 할배	좋아! 그런 마음가짐이 중요해!

'가치 없는 자신'이 돈을 받는 것을 너그럽게 받아들이자

이런 데다가 돈을 쓰겠냐고!

가치가 없는 것에 돈을 쓰지 않는 사람은…

이런 나는 돈을 받으면 안 된다!

돈복이 없다!

그래도 재미있으니까 이 정도 돈이야, 무~

가치가 없는 것에 돈을 쓰는 사람은…

잘 받을게!

돈복이 터진다!

'가치가 없는 것'에 돈을 써보면 신기하게도 돈이 들어오기 쉬워진단다.

✅ 돈복이 생기는 부자 마인드 ⑫

☐ '가치'를 너무 중시하면, '가치를 제공하지 않으면 돈을 받을 수 없다'는 굴레에 갇혀 돈을 받는 것에 대해 지나친 거부감이 생긴다.

☐ 돈을 거부하는 마음에서 벗어나려면 '가치 없는 것'에도 돈을 써봐야 한다.

☐ 더 쉽게 돈을 받을 수 있다. → 실제로 더 많은 돈이 들어온다!

4장

그 사람은 어떻게 해서 그렇게 돈이 많은 걸까?

돈이 많으면 정말로 행복할까?

억만장자가 된다면 어떤 일이 일어날까?

돈 할배   그런데 네놈을 보고 있으니까 신경 쓰이는 게
　　　　하나 있는데…. 너는 항상 '돈이 많았으면 좋
　　　　겠다'고 생각하잖아? 그런데 정말로 그걸 바
　　　　라는 건지 아닌지 헷갈릴 때가 있단 말이지.

나   무슨 말씀이세요! 그건 당연히 원하는 거죠!

돈 할배   그렇다면서 왜 부자를 좋게 생각하지 않는 거
　　　　지? **'돈을 좋아한다'라거나 '부자가 되고 싶다'**

라고 왜 분명하게 말하지 않지? 혹시 마음속으로는 '돈=더럽다', '부자=더러운 사람들'이라고 생각해서 그런 거 아니야? 그러고 보면 정말로 우리랑 친해지고 싶은지도 잘 모르겠단 말이지.

나   어떻게 말씀을 드려야 좋을지….

돈 할배   그럼 너, 돈을 어떻게 생각해?

나   돈은 매우 좋은 거죠. 저뿐 아니라 다른 사람까지 행복하게 만들 수 있으니까요! 돈 할배한테 배운 것처럼 그야말로 돈은 '요술 지팡이'죠!

돈 할배   흐음, 그렇다면 네가 억만장자가 된다면 어떨 거 같아? 주변 사람은 너를 어떻게 생각하고, 어떻게 대할까? 상상이 가니?

나   억만장자요? 그야 분명히 멋지겠죠! 일을 하지 않아도 걱정 없을 거고, 하고 싶은 일은 뭐든지 다 할 수 있을 테니까요!

           단지 걸리는 건 돈이 많으면 나쁜 길로 빠질 수도 있다는 거예요. 게다가 저를 싫어하거나 질투하는 사람도 많아질 거고, 괜히 비위를 맞추면서 불순한 의도를 가지고 접근하는 사람도 생기지 않을까요? 드라마나 영화를 보면 부자들이 꼭 살해당하고 그러잖아요. 부자가 되면 발목 잡히지 않게 여러 가지로 조심해야 할 것 같아요.

돈 할배 　거봐, 내가 뭐랬냐?

나 　네?

돈 할배 　**입으로는 "돈이 많았으면 좋겠다"고 하면서 일어나지도 않은 일부터 걱정하잖아. 그것도 나쁜 쪽으로.** 그건 마음속에 우리에 대한 부정적인 이미지가 아직 남아 있다는 증거야. '부자가 되면 타락한다', '미움받는다', '다른 사람이 질투한다', '이상한 사람이 접근한다' 등등. 네 녀석이 평소에 부자를 그런 식으로 생각하고 있어서 그런 거 아니야?

나 　앗, 저도 모르게 그만….

부자에 대한 오해

돈 할배   뭐, 네 잘못만은 아니지. 부자에 대한 그런 고
         정관념이 있는 건 사실이니까. 너처럼 부자를
         부정적으로 생각하는 사람들이 많은 건 알고
         있던 바야. '부자는 비열한 짓으로 돈을 번다',
         '원한을 사는 바람에 빨리 죽는다', '돈은 많지
         만, 불행한 삶을 산다', '부자에게 접근하는 사
         람은 모두 돈이 목적이기 때문에 진정한 친구
         가 없을 것이다', '재산을 은닉하거나 탈세한
         다' 등등 지금까지 들은 것만 해도 셀 수 없이
         많지.

나   저도 은연중에 그렇게 생각하고 있었다니, 충
         격이에요. 부자에 대한 이런 이미지는 도대체
         언제, 어떻게 만들어진 걸까요?

돈 할배   뭐, 여러 가지 원인이 있겠지. '왜 돈이 있으면
         타락한다고 생각할까?', '왜 돈이 있으면 미움
         받는다고 생각할까?', '맞아, 미디어에서 맨날
         그런 장면만 보여줬으니까' 하는 식의 사회

분위기도 한몫했을 거야. 물론 오해의 근원을 찾아보는 것도 좋지만, 그렇다고 무턱대고 비난하는 건 피해야 해.

나   오랫동안 굳어진 생각을 하루아침에 깨뜨리는 건 어려울 것 같아요. 대신에 잘못된 걸 알았으니 앞으로는 고쳐나가면 되지 않을까요?

돈 할배   맞아. **그러니 앞으로 돈이 많아지길 바란다면 돈에 대한 부정적인 인식을 자각한 뒤 '정말로 그런가?'라는 시각으로 궤도를 수정하면 돼.** 과거가 아니라 미래에 중점을 두고 부정적인 이미지를 바꾸어가면 된단다.

나   그건 어떻게 하는 거죠?

돈과의 이상적인 관계

돈 할배   중요한 건 돈에 대한 이상적인 생각을 해보는 거야. 전에도 얘기했던 '홈스테이 장소' 같은 거 말이야. 이번에도 롤 모델을 정하는 게 좋아.

성공하기 위해서는 성공한 사람한테 배우는 게 가장 빠르거든.

나　　제 생각도 그래요.

돈 할배　**돈에 대해 긍정적으로 생각하고 싶으면 그런 마음가짐을 갖고 있는 사람을 롤 모델로 삼는 게 무엇보다 중요해.** 실제로 내가 아는 행복한 부자는 예외 없이 우리를 긍정적으로 파악하고 있어. 그런 사람을 롤 모델로 삼으면 돼.

롤 모델을 발견했다면 '돈과의 이상적인 관계'를 생각해보는 거야. 우리에게 어떤 사람으로 보이고 싶은지, 우리를 어떻게 다루고 싶은지, 우리를 어떤 마음으로 대하고 싶은지, 이런 것들을 다시 한번 제대로 생각해보는 거지.

나　　어떻게 돈을 대할 것인가….

돈 할배　그래. 미리 말하지만 정답 같은 건 없어. 네가 진심으로 생각하는 게 바로 정답이야. 참, 그리고 그 생각은 어딘가에 기록해두면 좋아. 그리고 기회가 있을 때마다 그 내용을 떠올려보

'돈과의 이상적인 관계'를 그려보자

즐겁게 일하기

많이 벌기

기분 좋게 쓰기

돈과의 이상적인 관계에 좀 더 신경을 쓰면
돈에 대한 부정적인 인식을 바꿀 수 있어.

거나 발전시켜나가면서 마음속에 새겨두는
것도 잊지 마.

✓ 돈복이 생기는 부자 마인드 ⑬

☐ 만약 부자가 된다면 어떨까? 부정적인 이미지들이 가장 먼저 떠오른다면 부자가 될 수 없다.

☐ 돈이나 부자에 대한 부정적인 이미지는 대중매체로부터 영향받은 것일 수도 있다.

☐ 이 같은 인식의 원인을 깊이 파고들 필요는 없다. 오히려 미래에 초점을 맞추고 돈과의 이상적인 관계를 그려보는 것이 중요하다.

☐ 그림이 그려지지 않을 때는 이상적인 부자(돈에 긍정적인 사람)를 찾아 따라 해본다.

☐ 그리고 어떤 마음으로 돈을 대하고 싶은지 떠오를 때마다 기록해두고 종종 그 내용을 다시 읽거나 발전시켜나간다.

돈과 사이가 좋은 사람들의 공통점

'이기느냐 지느냐'보다 '즐거운가 아닌가'가 중요해

나   돈 할배, 롤 모델을 보고 이상향을 그린다는 건 이해하겠거든요? 그런데 좀 더 가르쳐주시면 안 될까요? 행복한 부자들은 어떻게 해서 그렇게 돈이 많은 걸까요?

돈 할배   힌트가 더 필요하다는 말이지? 한마디로 말하면 우리와 '사이가 좋아지는' 마인드를 갖고 있어서지. 몇 가지 포인트를 알려줄게.

나 　 우아! 감사합니다!

돈 할배 　 **우선 첫 번째는 '승패에' 연연하지 않을 것. 결론부터 말하면 '이기느냐 지느냐'보다 '즐거운가 아닌가'를 중시하는 사람은 우리와 사이가 좋아지기 쉽다**는 건데, 무슨 뜻인지 알아들었어?

나 　 비즈니스는 승패가 중요한 세계 아닌가요? 지금껏 더 많은 돈을 벌기 위해서는 반드시 이겨야 한다고 배웠거든요. 행복한 부자도 그 점은 마찬가지 아닐까요? '즐거운가 아닌가'라니 왠지 현실과 동떨어진 말처럼 들리는데요….

돈 할배 　 보통 경쟁에서 이긴 사람만이 성공했다는 말을 하긴 해. 지금도 무자비한 경쟁 속에서 살아가는 사람이 많을 거야. 하지만 한편으로는 승패에 얽매이지 않고 살아가는 사람들도 많아. **그리고 승패에서 자유로운 사람일수록 더 풍요롭고 더 행복해지기 쉽다고들 하지.**

나 　 그런가요…? 그렇다면 저도 승부의 세계에서 빠져나오고 싶어요. 그런데 어떻게 하면 좋을

　 이상하게 돈 걱정 없는 사람들의 비밀

지 감이 전혀 안 와요.

돈 할배   지금까지 믿어왔던 걸 하루아침에 바꾼다는
게 간단한 일만은 아니야. 그렇지만 다행인 건
전에도 말한 것처럼 너희한테는 재교육의 가
능성이 있잖니. 그러려면 '알아야'겠지? 새로
운 의견을 바로 수용하거나 생각을 당장 바꾸
지는 못하더라도 '아~ 이런 세계가 있구나'라
고 아는 것만으로도 큰 수확이란다.

나   **아, 이 세상에는 '이기느냐 지느냐'보다 '즐거**
운가 아닌가'를 중시하며 살아가는 사람들도
있다는 것을 아는 것만으로도 큰 의미가 있다
는 거군요.

좋은 평가를 받지 못해도 괜찮을까?

돈 할배   그런데 너 승부가 아니라 '즐거운가 아닌가'
를 중요시하는 세상이 있다고 하면 정말로 그
곳에 가고 싶어?

나   그런 곳이 있다면야 당연히 가고 싶죠! 이기고 진다는 건 누군가와 경쟁한다는 거잖아요. 그건 정말 괴로운 일이거든요….

돈 할배   그렇지만 다른 사람으로부터 칭찬이나 인정을 받고 싶다면 승패의 세계가 더 나을 거야. 이를 악물고 노력한 사람, 수많은 고생 끝에 성공한 사람일수록 좋은 평가를 받으니까.

나   승부에서 자유로운 사람은 그다지 좋은 평가를 받지 못한다는 건가요?

돈 할배   맞아. **'즐거움'을 우선시하는 사람은 돈을 적게 벌더라도 삶의 질을 보장받을 수 있는 걸 더 중요하게 생각해.** 그런데 많은 사람이 '고생을 많이 해야 성공한다'고 여기기 때문에 일 욕심이 없는 사람으로 비춰져 좋은 평가를 받지 못할 때가 많아.

나   하지만 스스로는 만족한다는 거죠?

돈 할배   그렇지. 게다가 **'유유상종'이라고 '즐거움을 추구'하며 살아가는 사람 주변에는 비슷한 사람이 모여들기 마련이야.** 마음이 맞으면서 재미있게 같이 일할 수 있는 동료가 생기는 거지. 자, 어때?

나 다른 사람한테 인정받는 것도 중요하지만 무엇보다 제가 즐거운 게 더 좋겠죠? 그게 돈도 더 모일 것 같고요. 그렇다면 이제 고민할 필요도 없겠네요!

 돈복이 생기는 부자 마인드 ⑭

☐ 돈과 사이가 좋은 사람은 '승패의 논리'에서 자유롭다.

☐ 세상의 평가 기준은 '얼마나 고생해서 승리했는가'다. 따라서 '즐거움의 유무'가 삶의 기준인 사람은 좋은 평가를 받기 어렵다. 그럼에도 '즐거움의 유무가 중요한' 세계로 가고 싶은가? 그렇다면 '가고 싶다'고 결심해라!

승부 경쟁에서 벗어나는 방법

돈에 대한 집착 버리기

돈 할배 　승부의 세계는 바꿔 말하면 '경쟁의 세계'라고 할 수 있지. 서로가 몇 번이고 경쟁을 반복하는 그곳에서 가장 먼저 빠져나오려면 두 가지 방법을 쓰면 돼. **첫 번째는 '쉽게 쓰기'야.**

나 　그건 전에도 말씀하셨던 거잖아요. 돈을 쉽게 써야 쉽게 들어온다는 그 말 아니에요?

돈 할배 　그래. 잘 기억하고 있구나. 하지만 여기서 중요한 것은 '어디에 쓰는가'야. **승부의 세계에서 빠져나오려면 돈에 대한 집착을 없애야 하거든.** 그럼 어디에 써야 돈에 대한 집착이 사라질까?

나   전혀 모르겠어요….

돈 할배   **바로 '대가가 돌아오지 않는 것'에 돈을 써보는 거야.** 원래 돈은 자신의 여러 욕구를 충족하기 위해서 쓰는 거잖아. 허기를 채우려고, 즐거워지려고, 멋있어지려고….

나   돈을 내는 대신에 무언가를 얻는다. 돈을 쓰면 자신은 득을 본다. 그래서 돈이란 훌륭한 것이라는 이야기는 전에도 하셨죠?

돈 할배   그래. **하지만 지금 내가 말하고 싶은 건 아무것도 얻을 게 없는, 이득을 보지 못하는 곳에 돈을 일부러 써보라는 거야.** 제일 이해하기 쉬운 게 기부려나.

나   아아, 확실히 기부는 대가를 바라고 하는 일이 아니죠. 제 자랑 같지만, 저도 기부는 몇 번 해봤어요.

재난이 일어날 때면 성금을 내고요. 그 외에도 유니세프 같은 단체에 매달 만 원씩 보내고 있어요. 그런데도 돈에 대한 집착은 여전히 흘러넘쳐요. 왜 저는 이 모양일까요?

돈 할배   그건 금액이 너무 적어서 그런 거뿐이야. 물론 자선 정신의 가치가 금액에 따라 달라지는 건 아니야. **하지만 돈에 대한 집착을 버리기 위한 기부는 '나에게 조금 큰 금액'을 낼 때 효과가 있어.**

나   그런 거예요? 그럼 다음 달에 보너스를 받으면 금액을 좀 더 올려서 내볼게요. 이번 달은 통장 잔고가 바닥나서 안 될 거 같아요.

돈 할배   아니 아니, 지금 당장 기부해. 결심이란 건 시간이 지나면 흐지부지되기 마련이거든. '지금은 힘드니까'라면서 뒤로 미뤄버리면 '힘드니까 돈을 못 낸다'는 상황만 계속 반복될 뿐이야.

나   그런가요? 정말 어렵네요….

돈 할배   힘들겠지만, 큰맘 먹고 한번 해봐. 일단 시작니까.

나   그러면 '돈에 여유 있는 사람'이 될 수 있는 건
     가요?

돈 할배 그래. **'여유 있을 때 해야지'라는 생각만으로
     는 아무것도 못 해. 그냥 냅다 질러버리면 정말
     로 할 수 있게 된다니까!**

나   처음에는 앞뒤 생각 없이 저질러도 된다는 거
     네요?

돈 할배 뭐, 그런 셈이지.

행복한 부자는 '지갑의 사이즈'가 크다

돈 할배 '대가가 없는 것'에 돈을 쓰면 돈에 대한 집착
     이 사라진다. 이건 기부를 해보면 반드시 실감
     하게 될 거야. 그러면 네 지갑 사이즈도 점점
     커지겠지.

나   지갑 사이즈라뇨…. 실제 사이즈를 말씀하시

는 건 아니죠?

돈 할배   하하하! 하여간 재밌는 애라니까. 전에도 말
했듯이 지갑의 사이즈는 '돈을 받아들이는 그
릇의 크기'를 의미해. **이 그릇의 크기는 기부
처럼 '대가가 없는 것'에 돈을 쓰면 금세 커져.**
받는 것이 없음에도 내 돈을 모르는 사람에게
주는 거니까.

나   **아, 대가를 바라지 않고 다른 사람한테 돈을 주
는 건 애초에 '이건 내 돈이다!'라는 발상 자체
를 안 한다는 거군요. '그저 우연히 내게 들어
온 돈=모두의 돈' 같은 느낌인가요?**

돈 할배   바로 그거야! 그러고 보니 어떤 부자가 자기
와 같은 날에 태어난 아기에게 작은 금메달을
선물했다는 이야기를 들은 적이 있어. 그 금메
달을 받은 아이는 '나는 운이 좋다'고 생각하
는 어른으로 자라나겠지. 그 부자는 이렇게 좋
은 투자는 없다고 생각했다더군. '일본 최고
의 투자가'라 불리는 그 사람의 지갑은 정말
거대하다고 할 수 있겠지.

돈에 대한 집착을 버리면 '지갑의 사이즈'가 커진다

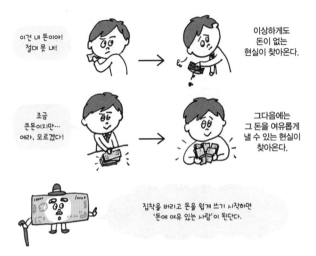

이건 내 돈이야! 절대 못 내!

이상하게도 돈이 없는 현실이 찾아온다.

조금 큰돈이지만… 에라, 모르겠다!

그다음에는 그 돈을 여유롭게 낼 수 있는 현실이 찾아온다.

집착을 버리고 돈을 쉽게 쓰기 시작하면 '돈에 여유 있는 사람'이 된단다.

나   저랑은 비교도 안 되네요…!

돈 할배   그렇다고 기죽을 필요는 없어. 어디까지나 너
        한테 조금 큰 액수를 기부하는 것만으로도 충
        분하니까.

경쟁심은 놀면서 발산하기

돈 할배   그럼 이제 돈에 대한 모든 집착은 사라지고 승패 경쟁에서 벗어날 수 있냐 하면 그건 또 아니야. 경쟁심은 어떻게 해도 사라지지 않는 사람의 본능이거든. '다른 사람과 경쟁하고 싶다', '경쟁에서 이기고 싶다'는 기분이 문득문득 생길 때도 있지 않아?

나   승부에 관심조차 두지 않으려 해도 본래의 투쟁 본능이 움직여버린다는 건가요…? 그렇다면 예나 지금이나 스포츠, 게임이 인기를 끄는 건 인간의 본능 때문인가요? 그럼 경쟁심은 본능이기 때문에 어쩔 수 없지 않나요?

돈 할배   바로 그거야!

나   그거라뇨…? 제가 무슨 말을 했나요?

돈 할배   무슨 말이라니 네가 말한 대로 스포츠나 게임을 하면 되잖아? 영화나 소설, 만화를 봐도 좋고. **본래의 투쟁 본능은 그런 놀이를 통해 발산하면 되는 거야.**

나　　　맞네요! 놀이로 발산한다면 아무도 상처받지
　　　　않겠네요.

 돈복이 생기는 부자 마인드 ⑮

☐ 승패의 논리에서 벗어나기 위해서는 돈에 대한 집착을 없
애야 한다. '자신에게는 조금 큰 금액'을 기부하는 것도 하
나의 방법이다.

☐ 상상은 현실이 된다! '낼 수 있다'는 기분으로 돈을 내면 정
말로 '낼 수 있는 나'가 된다.

☐ 경쟁심은 인간의 본능이기 때문에 완전히 없앨 수는 없다.
그 대신에 스포츠나 게임 같은 놀이로 해소하면 된다.

세금, 돈을 쓰는 근사한 방법

왜 행복한 부자는 기꺼이 세금을 낼까?

돈 할배   이제 내가 해줄 얘기는 거의 다 한 것 같은
데…. 어때, 질문 있어? 우리랑 친해지는 것과
관련해서 더 궁금한 건 없어?

나   돈 할배, 기부 말인데요. 저도 '돈 내기를 꺼리
지 않는 것'이 중요하다고는 생각하거든요.
그럼에도 돈을 낼 때 기분이 나빠지는 순간이
있잖아요. 바로….

돈 할배	혹시 세금 말하는 거야?
나	맞아요! 매달 큰 액수를 세금으로 내고 있어서 월급명세서를 볼 때마다 기분이 나빠져요. 왜 이렇게나 많은 돈을 내야 하는 건가 싶기도 하고, 왠지 빼앗기는 기분도 들고요. 행복한 부자들은 세금을 어떻게 생각하나요? 그들은 저보다 훨씬 많은 세금을 낼 텐데, 화는 안 날까요?
돈 할배	역시나 너희 인간들은 모두 비슷한 지점에서 막히는구나….
나	역시 저만 그런 게 아니군요!
돈 할배	그렇다고 해서 기뻐할 일이 전혀 아니라고! 행복한 부자는 세금도 기쁘게 내. **그들은 세금에서도 '돈의 흐름'을 보거든**. 너도 한번 생각해봐, 세금이 어디에 쓰이는지….
나	세금이 어디에 쓰이냐고요? 음, 나라와 지자체 운영에 쓰이겠죠?
돈 할배	응, 그렇지. 그리고 너는 그 세금으로 운영되는 나라와 지자체의 일원이지. 네가 사는 곳을

한번 둘러봐.

대부분의 곳에는 상하수도가 깔려 있고, 도로도 정비되어 있지. 아프면 언제든지 병원에 갈 수 있고. 또 혼자서 밤길을 걸어 다녀도 안전하지. 그 비용은 모두 네가 낸 세금으로 충당한 거란다.

나   수도, 도로, 의료, 치안…. 모두 당연하다고 생각했던 거라 이번만큼은 돈의 흐름을 상상해 봐도 단번에 와닿지 않네요.

돈 할배   흠…, 그럼 퀴즈를 하나 낼게. 전 세계의 부자들이 가장 원하는 것이 뭘까?

나   음, 돈으로 살 수 있는 건 거의 다 있을 테니까. 그렇다면… 아! '사랑' 같은 것?

돈 할배   하하하! 정답은 아니지만 거의 맞혔어. **이 세상의 부자들이 가장 원하는 건 바로 '안전'이야.** 혹시 모나코라는 나라에 전 세계의 부자들이 모인다는 이야기, 들어본 적 있어? 모나코는 아주 작은 나라지만, 200미터마다 경찰들이 배치되어 있을 만큼 치안이 잘되어 있거든. 값비싼 보석을 몸에 두르고 거리를 돌아다녀도 안전하단 소리야. 이 정도로 안전이 보장되어 있지 않은 나라라면 대저택에 사는 부자가 총을 소지하는 건 당연해. 강도가 들어오면 바로 쏴야 할 수도 있거든.

나　　　헉! 무시무시하네요.

돈 할배　그러니까 전 세계의 부자들이 모나코로 이주하는 이유는 바로 '안전' 때문이야. 그런데 **그게 이 나라에서는 당연한 것처럼 되어 있잖아.**

나　　　여기서는 당연한 게 다른 나라에서는 아니었군요….

세금은 '빼앗기는 것'이 아니다

돈 할배　안전은 하나의 예시에 불과해. 이 지구상에는 조금 전에 말한 수도, 도로, 의료 시설이 갖추어지지 않은 나라가 엄청나게 많이 있어. **네 월급에서 공제된 돈은 사람들이 당연하다고 생**

각하는 것을 유지하기 위해 사용되고 있지.

나   그 말씀을 들으니 생각이 좀 바뀌었어요. 그런데 저랑 달리 부자들은 막대한 세금을 내고 있잖아요? 그 부분에 대해서는 불공평하다고 생각하지 않을까요?

돈 할배   그럴 리가 없잖아! **더 많은 세금을 낸다는 건 그만큼 더 자기가 사는 나라와 지자체에 기부를 할 수 있다는 거니까.** 행복한 부자라면 부당하다고 생각하기는커녕 기꺼이 기쁜 마음으로 내겠지.

나   역시 스케일이 다르네요! 월급에서 이 정도 제한다고 투덜거릴 게 아니었네요….

돈 할배   그렇다고 그렇게까지 기죽을 필요는 없어. 그들은 그들, 너는 너야. 수입이 별로 많지 않으니 빠져나가는 부분이 더 뼈아프게 느껴지겠지.

나   흑, 맞아요….

돈 할배   다만 기쁜 마음으로 세금을 낸다면 지갑의 사이즈는 더 커질 거야. '세금은 빼앗기는 게 아니라, 모두가 누리고 있는 당연한 것들을 위해

쓰이는 것이다!' 이런 식으로 생각하는 게 훨씬 좋아.

 돈복이 생기는 부자 마인드 ⑯

☐ 대부분의 나라는 세금으로 국가를 운영하고 있다.

☐ 세금 덕분에 나는 '당연한 생활'을 영위해나갈 수 있는 것이다.

5장

돈에게 오랫동안
사랑받는 방법

'그 사고방식'이 돈의 입구를
좁아지게 한다고?

정말로 모든 일에는 고생이 따를까?

돈 할배   이제 슬슬 돈이 들어오는 쪽 이야기로 넘어가
             볼까?

나   오오, 드디어!

돈 할배   그럼 먼저 하나만 물어보자. 돈은 어떻게 네
             주머니에 들어오고 있지?

나   그거야 뻔하죠. 일한 대가로 받는 거잖아요.
           솔직히 일이 즐겁지도 않고, 힘든 점도 많지만

돈을 벌기 위해서는 어쩔 수 없으니까요.

돈 할배   그렇구나. 그럼 너는 돈을 고생과 맞바꾼 거라고 생각하는 거지?

나   고생과 맞바꾼다… 뭐, 그러네요. 잘 안 맞는 직장 동료랑 하루 종일 지내야 하고, 말도 안 되는 조건을 제시하는 거래처도 상대해야 하니 일이 힘든 게 사실이잖아요. 그래도 이 모든 게 월급을 받기 위한 거니까 열심히 버티고 있을 뿐이죠.

돈 할배   음, 그렇다면 거기서부터 이야기를 시작해야겠군. 똑똑히 말해줄 테니 잘 들어.

'돈은 고생과 맞바꿔서 들어오는 것'이라는 그 생각이 오히려 돈이 들어오는 문을 좁게 만드는 거야.

나   네?!! 하지만 노동은 미덕이고, 땀 흘리며 일하는 모습은 아름답다는 게 상식 아니에요? 그래서 저는 고생을 해야 돈 받을 자격이 있다고 생각한 건데, 그게 돈이 들어오는 문을 좁아지게 한다니요….

돈 할배   물론 열심히 일하는 것도 중요해. 그런데 그런 생각이 도를 넘어서 '돈은 고생과 맞바꿔서 얻는 것'이라고 하면, 돈이 들어오는 길을 막게 돼. **'고생해서 얻은 것'이라고 생각할수록 손에서 놓기 어려워지게 마련이거든.**

나   그러고 보니 '내가 뼈가 휘도록 고생해서 번 돈이니까 아무 데나 막 쓸 수는 없어'라고 생각한 적이 있어요. 하지만 그렇게 되면 '기쁘게 쓴다', '감사하며 쓴다', '쉽게 쓴다' 등 지금까지 말씀해주신 이상적으로 돈 쓰는 법을 실천할 수가 없겠네요….

돈 할배   게다가 고생한 대신 돈을 얻었다고 생각하면 다른 사람들도 그랬을 거라고 믿게 되지. 그러면 돈을 받는 것도 어려워지게 돼.

나   아아, 여기서도 투영이 작용하는군요!

돈 할배   맞아. **'고생해서 얻은 돈을 쉽게 놓고 싶지 않다' → '다른 사람들도 나처럼 고생과 맞바꾼 돈을 쉽게 놓고 싶어 하지 않을 것이다' → '그런 돈을 내가 받아도 되는 걸까?'라는 식이 되는**

거지. 그래서 결국 돈이 들어오는 문이 좁아
지게 되는 거야.

나 　　　투영이라는 건 그만큼 강력한 거네요.

'생계를 위해 일한다'는 생각 버리기

돈 할배 　더군다나 고생과 돈이 밀접한 관계를 맺고 있
　　　　　다는 건 '많은 돈＝많은 고생'을 의미해. 그런
　　　　　데 사람은 누구나 고생을 안 하고 싶어 하잖
　　　　　아. **아무리 돈을 원해도 고생은 안 하고 싶어**
　　　　　하니까 수입이 제한될 수밖에 없지.

나 　　　그렇군요! 많은 돈을 갖고 싶지만, 고생은 '적
　　　　　당히' 하고 싶다. 그러니까 돈을 더 벌 방법을
　　　　　찾기보다 일을 '적당히' 하고 마는 그런 심리
　　　　　가 있겠네요.

돈 할배 　맞았어. 이해하는 속도가 빨라졌는걸. 그래서
　　　　　고생과 돈을 결부 지으면 무의식중에 우리를
　　　　　멀리하는 경우가 생겨나곤 해.

나	그럼 어떻게 해야 하나요?
돈 할배	**일해야 돈을 벌 수 있으니, 일하는 게 매우 즐겁다면 참으로 이상적인 형태일 거야.** 하지만 많은 사람이 그걸 어려워하지. 너도 일이 즐겁지 않다고 투덜거렸잖아.
나	일이 너무 싫은 건 아니지만 그렇다고 설레지도 않고, 보람도 못 느껴요…. 적어도 지금보다 즐겁게 일할 수 있으면 좋겠어요.
돈 할배	오호, 더 즐겁게 일하고 싶다는 거야? 그럼 궁금한 게 하나 있는데, 너는 무엇을 위해서 일하고 있지?
나	무엇을 위해서라뇨, 그거야 당연히 생계를 위해서죠. 부모님이 부자가 아닌 이상 일하지 않으면 먹고살 수 없잖아요. 다들 그렇지 않나요?
돈 할배	흠, 그러니까 네 말은 살기 위해서는 고생스럽더라도 일을 해야 한다…. 뭐 이런 건가? 만약 '생계를 위해 반드시 일해야 한다'는 생각을 없앨 수 있다면, '돈=고생'이라는 생각도 바

꿰려나?

나　　　그런 생각을 없앤다니요? 도대체 어떻게요?

돈 할배　　그건 아주 쉬워. **내가 일하는 건 생계를 위해서가 아니라, '나의 행복을 위해서'라고 생각하면 돼!**

나　　　윽, 전혀 쉽지 않은데요…?

일상 속에서 더 많은 행복 찾기

돈 할배　　아니야, 아주 쉬워. 생각해봐. 애초에 돈이란 게 뭐지?

나　　　쓰면 쓸수록 나에게 이득을 주는 것, 요술 지팡이. 그러니까…?

돈 할배　　그래. **돈을 쓰면 이득이 생긴다. 이 말은 곧 돈은 너의 행복을 위한 것이라는 거지. 그런 요술 지팡이는 일함으로써 얻을 수 있는 거니까 결국 일하는 건 행복을 위해서라고 말할 수 있지 않겠어?**

나　　　듣고 보니 어떻게 생각하느냐에 따라 달라질 수 있겠네요. 생계가 아니라 행복을 위해서라…. 하지만 일해서 번 돈을 내 삶에 쓰는 건 틀림없으니까. 그 말은 곧 삶 자체가 행복이라면, 일하는 건 행복한 삶을 위해서라고 생각할 수 있겠네요?

돈 할배　바로 그거야! 그게 가장 중요해. 그러니 **일상 속에서 더 많은 기쁨과 즐거움을 찾아봐.** '행복의 문턱'을 낮추고, '당연한 것'에 감사하는 거지. 그러면 평범했던 일상에서도 행복을 느끼는 횟수가 늘어나고, 그런 행복을 위해서 일한다고 생각하게 될 거야. 예전보다 일하는 게 분명 즐거워질 테고.

돈복이 생기는 부자 마인드 ⑰

□ '돈을 고생 대신 들어오는 것'이라고 생각하면 돈이 들어
오기 어렵다.

□ '일하는 이유를 행복한 삶을 위해서'라고 생각하면 '돈＝
고생'이라는 사고방식을 바꿀 수 있다. 이러한 사고방식을
바꾸기 위해서는 '행복의 문턱'을 낮추고, 평범한 일상 속
에서 행복을 찾아야 한다!

이상하게 돈 걱정 없는 사람들의 비밀

보람에도 의외의 함정이 숨어 있어

'나만 할 수 있다'고 생각하는 순간 고생이 따라온다

돈 할배   '행복의 문턱'을 낮추고 일상에서 행복을 찾
          는다면 '생계'가 아니라 '행복'을 위해 일할 수
          있게 된다는 말, 이해됐지?

나   네. 그런데 한 가지 걸리는 게 있어요. 그렇게
          되면 일의 보람은 어떻게 되는 건가요? 저는
          좀 더 보람을 느끼면서 일하고 싶거든요.

돈 할배   그래? 그럼 너한테 보람이라는 게 뭔데?

나	이를테면 '나만 할 수 있는 일을 하는 것', '다른 사람한테 도움되는 일을 하는 것' 같은 성취감이요. 저는 이런 생각만으로도 금세 의욕이 생기거든요.
돈 할배	**흠, 그러니까 누군가가 너를 필요로 했으면 한다는 거지? 이런 사고방식을 '자기중요감'이라고 해.** 너뿐만 아니라 자기중요감을 중시하는 사람들이 많이 있어.
나	제가 느끼고 싶은 게 바로 그거인 것 같아요! 그런데요, 돈 할배, 자기중요감은 별로 좋은 게 아닌가요?
돈 할배	다른 사람에게 인정받고 싶다는 욕망이 일의 기쁨으로 이어지는 건 사실이야. 그런 기쁨을 '보람'이라고 불러도 되겠지. **하지만 자기중요감만을 지나치게 추구하다 보면 괴로워도 참고 견디는 경우가 많아져.**
나	자기중요감을 위해서는 고생도 어쩔 수 없다…. 아, 그거네요, '돈이란 고생 대신 얻는 것'이라는 사고방식으로 다시 돌아온 거잖아요!

돈 할배   맞았어. 안타깝게도 많은 사람이 무의식중에
          이 함정에 빠지곤 해.

어떤 사람이 돈을 끌어당길까?

돈 할배   '이 일은 나 말고는 할 수 있는 사람이 없다'면
          서 무리하게 일하는 거 말이야. 너도 그런 적
          있지?

나   사실 며칠 전에 '이 데이터는 내가 정리한 거
          니까 다른 사람은 활용하기 힘들 거야'라면서
          밤늦게까지 보고서를 작성한 적이 있어요. 다
          같이 만들었기 때문에 다른 사람에게 맡겨도
          되는 거였는데도 말이죠.

돈 할배   역시나. '나만 할 수 있다'는 생각으로 일을 전
          부 떠맡으면서 자기중요감을 높이려고 한 거
          지. 애초에 그런 욕구가 없었더라면 주저 없이
          다른 사람에게 도움을 요청했겠지?

나   아마도 그랬겠죠.

돈 할배	**아무리 힘들어도 뭐든지 혼자 다 하려 하고 다른 사람을 믿을 수 없으니 맡길 수도 없는 거지. 이거야말로 자기중요감의 함정이야. 그리고 이 함정에 빠져버리면 우리와도 멀어질 수밖에 없어.**
나	'고생해서 번 돈이니 쓰고 싶지 않다' → '다른 사람이 고생해서 번 돈을 받는 게 미안하다' 이런 생각의 악순환인가요?
돈 할배	그것도 그렇지만 다른 이유도 있어. 아무리 뛰어난 사람이라도 혼자서 할 수 있는 일에는 한계가 있거든. 혼자 힘으로 벌 수 있는 돈이 뻔한 것과 같지. **더 많은 돈을 끌어당기기 위해서는 혼자서 일을 떠맡을 게 아니라 다른 사람에게 주저 없이 도움을 요청할 수 있는 마음가짐이 필요해.**
나	하아, 그러네요. 부자가 되기 위해서는 자기중요감에 사로잡히지 않는 게 중요하네요.
돈 할배	맞아. **'나만 할 수 있는 일이 이곳에 있기 때문에 내가 여기에 있을 수 있다'고 생각하는 게**

이상하게 돈 걱정 없는 사람들의 비밀

자기중요감이야. 바꿔 말해 '나만 할 수 있는 일이 없다면 나는 여기에 있을 수 없다'는 말이 되는 거지. 즉 이곳에 존재해야 할 가치를 잃을까 봐 두려운 거야. 그럼 자기중요감에 사로잡히지 않으려면 어떻게 해야 할까?

나 　오직 나만이 할 수 있는 일이란 건 이 세상에 없을뿐더러 모든 사람이 나를 필요로 하지 않아도 괜찮다, 이렇게 생각해야 하는 걸까요?

돈 할배 　그렇지. 그런데 거부감이 느껴지는 표정인데?

나 　음, 그렇게 생각하면 일의 기쁨까지 잃어버릴 것 같거든요. 일하는 건 자신의 행복을 위해서지만 역시 누군가에게 도움이 된다는 보람도 느끼고 싶거든요.

돈 할배 　그런 거라면 간단해. 일을 통해 내가 다른 사람을 얼마나 기쁘게 하고 있는지 생각하면 돼. 지금부터 그 얘기를 해줄게.

'자기중요감'은 돈을 멀어지게 한다

이 일은 나만 할 수 있어! 열심히 하자! 아자!

보람이나 성취감에만 매달리면 이를 느끼지 못하는 일은 하지 못해 더 많은 돈을 벌기 어려워진다.

열심히 하지 않으면 잘릴지도 몰라. 하지만 더는 못 하겠어!

성실한 사람일수록 '억지로 참고 버티기' 때문에 돈이 들어오기 어려워진단다.

✅ **돈복이 생기는 부자 마인드 ⑱**

☐ 사람은 '나만이 할 수 있다'는 자기중요감을 추구한다. 하지만 이 생각이 지나치면 무슨 일이든 혼자 떠맡게 되고, 힘든 일도 혼자서 해결하려 한다.

☐ 혼자 할 수 있는 일에는 한계가 있기 때문에 돈의 입구가 넓어지지 않는다. 따라서 다른 사람에게 의지할 수 있는 사람이 돈과 더 친해지기 쉽다.

이상하게 돈 걱정 없는 사람들의 비밀

누군가를 기쁘게 하는 나를 더 느껴봐

더 기쁘게 하고, 더 받으면 돼

돈 할배   어떤 일이든지 누군가한테는 반드시 도움이
돼. 누군가를 기쁘게 할 수도 있고. 그 점은 제
대로 자각하고 있겠지?

나   그건…, 솔직히 말씀드리면 단번에 와닿지는
않아요.

돈 할배   그럼 물물교환을 떠올려봐. 물물교환에서는
직접 거래를 하니까 상대방의 표정을 바로 확

인할 수 있지. 그런데 현대사회에서는 거래자가 서로를 볼 수 없는 경우가 대부분이야. **그래서 내가 누군가를 기쁘게 한다는 걸 실감하기 어려워. 일이라는 것도 거래와 다를 바 없어.**

나　'상대방을 볼 수 없지만 이 세상의 누군가는 내가 한 일을 통해 기뻐하고 있다…' 이렇게 생각하면 어떤 일도 가치가 있고 보람 있다고 느낄 거 같아요.

돈 할배　게다가 **일을 통해 누군가를 기쁘게 한다는 걸 실감하면 할수록 자신이 돈을 받는 것에 수긍하기 쉬워져. 그러면 지갑의 크기도 커지지. 돈을 받아들이는 그릇이 커지게 되는 거야.**

나　그렇다면 다른 사람을 기쁘게 할수록 돈을 더 받아도 된다는 건가요?

돈 할배　바로 그거야. 다른 사람을 속여서 돈을 버는 사람은 큰돈을 모을 수가 없어. 설령 돈을 벌어도 그대로 흘러나가는 경우가 많지. 왜냐하면 스스로도 마음속으로는 '사실은 이런 일을 해서 돈을 벌면 안 된다'고 자각하고 있거

　이상하게 돈 걱정 없는 사람들의 비밀

든. 동시에 마음 한구석에서는 '나는 나쁜 짓을 해서 돈을 버는 인간이다'라고 생각하기 때문에 자신에게도 상처를 주고 있다고 할 수 있지. 그런 사람과 같이 있으면 우리도 기분이 별로야.

나 아, 그래서 돈이 들어와도 금세 나가버리는 거군요.

돈 할배 맞아. 게다가 한 명을 속이면 그 주변 사람들 사이에서도 신뢰를 잃기 때문에 한곳에 오래 머무를 수 없어. 다른 곳에 가더라도 또 사람을 속이면 신뢰를 잃고, 다른 장소로 이동해야 하고….

이런 상황이 반복되면 금세 한계에 다다르지. 그러니 돈이 들어오는 입구가 넓어질 수가 없어.

초심을 떠올리게 하는 걸 갖고 다니기

나 　타인을 기쁘게 하지 못한다는 것은 신뢰받지
　　　못한다는 뜻이니까 돈도 들어오기 어렵다는
　　　거지요?

돈 할배　그래. 하지만 상상해봐. **'누군가를 기쁘게 한
　　　대가'라고 생각하면 그 돈을 지갑에 넣고 다니
　　　는 것도 기쁘겠지? 그런 사람의 지갑이라고 하
　　　면 우리도 마음이 편하기 때문에 친구들을 데
　　　리고 다시 오고 싶어져.**

　　　다른 사람을 기쁘게 한다는 걸 실감하면 더 기
　　　쁘게 해주고 싶은 게 사람의 마음이야. 그리고
　　　아낌없이 나누고 베풀다 보면 자연스레 주위
　　　에 좋은 사람들이 몰려 기대 이상의 성과를 올
　　　릴 수도 있어. 그럼 들어오는 돈도 많아질 수
　　　밖에 없어.

나 　그렇게 돈의 입구가 넓어지고, 돈의 흐름이 좋
　　　아지는 거군요?

돈 할배　맞아. 예전에 어떤 부자가 이렇게 말한 적이

있단다.

"한 사람이 기뻐하는 것을 보면, 두 명 세 명 그리고 열 명 백 명도 기쁘게 하고 싶어진다. 그러다 보면 돈이란 무진장 늘어나게 된다".

그러니까 너도 일을 통해서 누군가를 기쁘게 하고 있다는 걸 더 실감하면 좋겠어.

나　　　그리고 보니 처음 일을 시작했을 때에는 그런 기분을 느꼈던 것 같아요. 처음으로 계약을 따 냈을 때도요. 누구나 할 수 있는 아주 작은 계약이었지만 '고객에게 도움이 됐다!'는 생각이 들었거든요. 첫 월급을 받았을 때도 정말 기뻤고요. 그런데 일에 익숙해지다 보니 어느새 그런 감정들이 사라져버렸네요….

돈 할배　그렇다면 그때의 기분으로 다시 일하면 돼. 흔히 "초심을 잊지 말라"고 하잖아. **초심을 떠올리게 하는 물건을 주변에 두면 좋아.**

나　　　초심을 떠올리게 하는 거요? 첫 월급 내역이 찍힌 통장이라면 어딘가에 있을 거예요. 그리고 첫 고객이 보내준 감사 메일도 메일함에 있

을 테니, 그 메일을 인쇄해서 수첩에 끼워둬야
겠어요!

돈복이 생기는 부자 마인드 ⑲

□ 어떤 일이든 가치가 있다. 내 일이 세상에 어떤 도움을 주
   는지, 다른 사람에게 어떤 기쁨을 주는지를 자각해라. 왜
   냐하면 이것이 '보람'으로 이어지기 때문이다.
□ '내가 한 일이 다른 사람을 기쁘게 했다!'는 걸 처음 실감케
   한 물건을 갖고 다녀라.

이상하게 돈 걱정 없는 사람들의 비밀

몸값을 올리는 방법

나의 가치를 올리는 방법

돈 할배 일하는 방식, 일할 때의 마음가짐에 관해서는
이 정도면 충분하겠지. 자, 그럼 이제 그다음
으로 넘어가자. 지금부터 이야기할 건 자신의
가치를 높이는 방법이야. 즉 자신의 가치를 높
여 '몸값'을 올리는 방법이지. 우선 짚고 넘어
갈 건 '나는 누구도 할 수 없는 일을 하고 있으
니까 가치가 있다'는 생각은 쓸데없다는 거야.

이건 이제 알겠지?

나   네. 그런 생각에 매몰되어 있으면 모든 걸 혼자서 떠맡거나 쓸데없는 고생을 하게 되니까요. 다른 사람한테 쉽게 의지할 수도 없고요. 결과적으로는 돈의 입구가 좁아지게 되는 거죠. 제 말이 맞나요?

돈 할배   그렇지! 아주 잘 기억하고 있구나. 지금부터 해줄 말은 '나의 가치를 높이는' 것에 관해서야. 그렇다고 다른 곳에는 없는 가치를 부여하거나 차별화에 관한 이야기는 아니야. **오히려 지금 모습 그대로이면서도 주변으로부터 더 높은 평가를 받을 수 있다는 이야기지.**

나   너무 좋아요! 빨리 알려주세요!

무턱대고 싼 것만 찾으면 어떻게 될까?

돈 할배   몸값을 올리고 싶다면 딱 두 가지만 기억하면 돼. **첫 번째는 진정으로 원하는 것을 사되, 제**

값에 살 것.

나 　 진정으로 원하는 걸 제값을 주고 산다…. 그럼 세일할 때는 사지 말라는 건가요?

돈 할배 　 진정으로 원하는 것을 사라는 말의 의미는 자신의 가치를 높이라는 거야. **세일 때 충동구매를 하는 것은 평소에 자신의 가치를 낮게 평가하고 있다는 뜻이거든. 저렴한 것만 찾아다니면 결국 싼 가격에 맞는 상품과 서비스만 계속해서 받을 수밖에 없지. 그러니 세일한다고 덥석 사지 말라는 거야.**

　 예컨대 좋아하는 사람에게 세일 때 충동구매로 산 물건을 선물하는 사람은 없잖아? 그거랑 마찬가지야. **멋진 나에게 무엇을 선물할까…. 그런 발상으로 물건을 골라야 해!**

나 　 그래도 충동구매를 했다는 건 그 순간에는 가슴이 설렜다는 뜻이기도 하잖아요. 멋진 나에게 가슴 설레는 선물을 한다고 생각하면 괜찮지 않을까요?

돈 할배 　 네 말처럼 생각지도 못한 물건에 마음이 움직여서 살 수는 있어. 하지만 문제는 사고 나서 야. **그걸 볼 때마다, 손으로 만질 때마다 기분이 좋다면 괜찮은 선택이었다고 할 수 있지.** 그런데 얼마 안 가서 산 걸 후회한다든가 그 물건을 쓰지 않는다면 결국 불필요한 쇼핑이었다고 할 수 있어. 아마 이 점을 착각하는 사람이 많을 거야.

나   그렇군요. 계속 아끼고 좋아할 수 있는 걸 자신에게 선물해야겠네요!

돈 할배   그래. 이렇게 생각하면 돼. '계속 사랑할 수 있는 것을 나에게 선물한다'='나라는 존재를 계속 사랑받는 존재로서 인정하는 것'이라고나 할까.

나   아하!

스스로를 헐값에 팔아넘기지 말아라

나   그럼 정가로 산다는 건 무슨 뜻이죠? 저는 돈을 아끼려고 가격 비교 사이트에서 비교해보고 물건을 구입하거든요. 싸게 사면 신이 나서 "이거 반값에 산 거야! 대박이지!"라고 자랑도 하고요.

돈 할배 하하하! 인간 세상에는 너 같은 사람들이 참 많더구나. 나도 모든 절약을 나쁘다고 하는 건 아니야. **하지만 무조건 싸게 사겠다는 생각이 강하면 신기하리만치 자신도 싸게 팔리게 돼.**

나 아, 돈이 나가는 것과 들어오는 것은 한 몸이니까…!

돈 할배 그래! 잘 기억하고 있구나. 네가 지금 말한 것처럼 돈이 나가는 것과 들어오는 건 한 몸이야. 그러니까 다른 사람이 파는 물건에 돈을 아끼려는 생각이 강하면, 다른 사람도 네가 파는 물건에 돈을 아끼려는 경향이 강해져. **'다른 사람의 노동력을 싸게 산다'와 '자신의 일을 싸게 판다'도 한 몸이니까.**

나 그러니까 '정가로 사는 습관을 들여야 나도 정가로 팔리게 된다'는 말씀이신가요?

돈 할배   바로 그거야!

정가로 물건을 샀더니 일어난 변화

돈 할배   그러고 보니 배낭여행을 하며 전 세계를 돌아다니던 한 청년이 있었어. 여행 후에 그는 부친의 회사를 이어받았는데, 빚만 잔뜩 있는 상황이었지. 놀랍게도 이 청년이 회사를 일으켜 빚을 다 갚은 것은 물론 상당한 돈을 벌게 되었어.

하지만 내가 보기에 그 청년은 진정한 부자가 아니었어. 왜냐하면 그는 흔히 말하는 '할인의 달인'이었거든. 1억 원이 넘는 요트를 천만 원에 산다거나, 8천만 원이 넘는 외제 차를 중고로 천삼백만 원에 산다거나. 하여간 비싼 것을 싼값으로 사는 것에 능한 사람이었어.

그러던 어느 날, 그는 문득 깨달았지. **'돈이 없던 배낭여행 시절에 몸에 밴 습관대로 싸게 사**

는 것에 목을 매고 있었구나. 이게 과연 맞는 걸까?', '부모님과 조부모님 모두 절약 정신이 투철하셨기 때문에 마음속 깊은 곳에는 소비에 대한 죄책감이 있었던 건 아닐까?' 하고 말이야.

그래서 큰맘 먹고 일등석 항공권을 정가로 사본 거야. 마일리지도 사용하지 않고 항공사가 판매하는 가격 그대로였지. 손이 벌벌 떨릴 줄 알았는데 막상 해보니까 덤덤하더래. 그런데 그 이후로 경험해본 적 없었던 좋은 조건의 일이 연이어 들어오기 시작한 거야. 그것 또한 덤덤하게 받아들일 수 있었대. 마치 아주 당연한 것처럼 말이야.

나   고가의 물건을 당연하다는 듯이 정가로 샀더니 자신도 비싸게 팔리게 되었다는 거네요?

돈 할배   응. 이 청년의 사례는 이해하기 쉽지? **한마디로 싸게 사는 것에 너무 익숙해지면 자신도 더 싸게 보이고, 싸게 팔리는 것에 익숙해진다는 거야.** '비싼 것을 싸게 사야 한다'고 생각하는 건 '비싼 자신을 싸게 팔아야 한다'는 것과 똑같으니까.

이 청년은 배낭여행 시절의 습관을 줄곧 유지해온 것, 큰돈을 쓰는 거에 죄책감을 갖고 있다는 것을 깨닫고 나서야 비로소 '가격을 깎지 않고' 사게 되었어. **그러자 자신도 '가격이 깎이지 않고' 팔리게 된 거지.**

나 그래서 좋은 조건의 일이 들어오게 되었다니…. 대단하네요!

자신에게 '나는 꽤 멋진 사람이야'라고 말해주기

돈 할배 절약에는 힘을 좀 빼고, 진정으로 원하는 걸 사면 너에게도 똑같은 변화가 일어날 거야. 다른 사람도 너의 가치를 알아보고, 그에 합당한 돈을 지불할 테니까!

나 그런 변화가 생긴다면 정말 좋겠어요. 그러기 위해서는 '진정으로 원하는 것'을 제값에 사서

'자신을 헐값에 팔아넘기지' 말자

특가로
싸게 샀어!

이런
마인드의
사람은…

저렴한 가격에 작업을
부탁드려도 될까요?

싼 것만 찾다가는
자신의 인생도
싸구려가 될지 모른다.

이런 멋진
물건이라면
당연히
제값을
줘야지!

이런
마인드의
사람은…

합당한 보수를
드리겠습니다!

다른 사람의
노동력도,
자신의 노동력도
헐값으로
평가하지 않는다.

목적에 맞게 돈을 제대로 쓰면
다른 사람도 나에게 합당한 대가를 지불할 거야.

멋진 나에게 선물하면 된다는 거죠? 하지만
'멋진 나'라니 너무 부끄러운데요….

돈 할배 **그런 부끄러움을 이겨내는 것도 중요해.** 부끄
러움은 감정과 사고는 물론 결국에는 현실에
도 브레이크를 걸어버리니까. **그럴 때는 "나는
꽤 멋진 사람이야!"라고 장난치듯 중얼거려
봐.** 말은 감정을 바꾸는 힘을 가지고 있거든!

나　　　말로 하는 거 자체가 부끄러운데요…. 금방 익숙해질까요? 음…, 한번 해볼게요!

좋아하는 것에는 '감사하고 감동하기'

돈 할배　그리고 나를 최고가로 팔기 위해서 해야 할 것, 그 두 번째는 **매일매일 일상 속에서 내가 좋아하는 것에 감사하고 감동하는 거야.**

나　　　감사와 감동이요? 전에도 감사에 대해서는 말씀하셨는데요….

돈 할배　돈을 쓰는 것에 기쁨과 감사를 느끼면, 돈을 쓰는 것에 대한 불안과 공포가 사라진다는 얘기였지? 여기서는 조금 다른 관점에서 감사의 효과를 알려줄게.

무언가에 감사한다는 건 그것의 진정한 가치를 깨닫고 음미한다는 뜻이야. 주변을 둘러보면 네 주변에는 이미 멋진 것들이 흘러넘치고 있을 거야. **그 멋짐을 알아보고 음미하면, 너의**

탁월한 안목도 자연스럽게 알려질 테고 음미해 주는 사람이 나타나는 거지. 결과적으로 너의 가치가 올라가는 거야.

나 그럼 **여기서도 '행복의 문턱'을 낮추는 게 중요하겠네요?**

돈 할배 맞아! 예를 들면 주변 사람이 너를 위해 해주는 일, 매일 보는 풍경의 아름다움, 당연하듯 이용하는 행정 서비스…. '행복의 문턱'을 낮추면 너의 생활이 상당히 멋진 것들로 흘러넘친다는 걸 알게 될 거야. 그 하나하나를 제대로 느끼면서 감사해하고 감동해봐. **그럴수록 너도 주변 사람들로부터 감사와 감동을 받게 될 거야.**

□ 쇼핑은 '멋진 나'에게 주는 선물! 따라서 '진정으로 원하는 것'을 '제값'에 사라. 그러면 스스로 느끼는 '자신의 가치'가 올라갈 테고, 주변에서도 당신의 가치를 높게 평가할 것이다.

□ 진정으로 원하는 것이란, 사고 난 후에도 '설렘'이 계속되는 것.

□ "나는 정말 멋지다"라고 중얼거려라. 그리고 무엇보다 중요한 건 진심으로 그렇게 생각하는 것이다.

□ 주변의 멋진 것들을 알아보고, 그 하나하나를 음미해라. 그러면 주변에서도 당신의 탁월한 안목을 알아볼 것이다.

돈을 벌고 나서 쓰겠다는 착각

돈, 어떻게 써야 할까?

돈 할배 그럼 다시 처음으로 돌아가서 너도 언젠가는
부자가 되고 싶지?

나 속물처럼 보이겠지만 당연한 거 아닐까요….
안 되나요?

돈 할배 아니 아니, 좋은 거야. 다만 한 가지 물어보고
싶은 게 있어. **돈이 많다면 너는 뭘 하고 싶니?**

나 당연히…. 앗, 그러고 보니 진지하게 생각해본

적이 없네요. 그저 돈이 많았으면 좋겠다는 생각만 했어요….

돈 할배 하긴 흔히들 돈은 수단이지 목적이 아니라고 하지. 맞는 말이야.

나 그러면 '부자가 되고 싶다'가 아니라 '무엇을 위해 부자가 되고 싶은가'를 생각하라는 말씀인가요?

돈 할배 그래. 어렵게 생각할 필요 없어. **만약 지금보다 돈이 좀 더 있다면 무엇에 쓸지를 생각해보라는 것뿐이야.**

나 지금 당장 생각나는 건 없어요. 그런데 있지도 않은 돈을 쓸 생각부터 하는 건 좀 한심하지 않나요?

돈 할배 흠, 그럼 너는 돈이 들어오고 나서 생각하겠다는 거냐?

나 네. 그러면 안 되나요?

돈 할배 안될 건 없지만, 좀 아깝단 말이지….

돈은 목적이 있는 곳에 모이기 쉬워

돈 할배 **왜냐하면 우리는 쓸 데가 정해져 있는 곳에 모이는 습성이 있거든.** 한 가지 예를 들어볼게. 혹시 학생 때 돈에 쪼들려본 적 없어?

나 당연히 있었죠. 용돈을 받았지만, 그것만으로는 부족할 때가 많았거든요.

돈 할배 그럼 갖고 싶은 게 생겼을 때는 어떻게 했어?

나 아, 그러고 보니 고등학생 때 친구가 노트북이 갖고 싶다며 아르바이트를 열심히 했어요. 아르바이트하던 곳의 사장님이 일 잘한다면서 보너스까지 줬다고 하더라고요. 그러고도 부족한 돈은 할머니에게 받아서 예상보다 빨리 노트북을 샀어요. 그때 참 부러웠는데….

돈 할배 거봐!

나 네? 뭐가요?

돈 할배 돈을 벌고 나서 어디에 쓸지를 생각하는 것도 좋지만, **'이게 갖고 싶다!', '이걸 하고 싶다!' 라고 명확히 바라는 사람은 의외의 곳에서도**

돈을 끌어올 수가 있어. 한번 상상해봐. 네가 경제적으로 여유가 있다고 치자. 아는 사람이 대뜸 '돈 좀 줘'라고 하는 거랑 '필요한 게 있어서 그러니 돈 좀 줄 수 있니?', '하고 싶은 일이 있어서 그러는데 돈 좀 보태줄 수 있어?'라고 한다면, 어느 쪽에 돈을 주고 싶겠어?

나　　　그거야 당연히 목적이 확실한 사람 쪽이죠.

돈 할배　그렇지? 나도 마찬가지야.

나　　　자, 잠깐, 잠깐만요. 그럼 돈 쓸 곳을 먼저 정해두는 편이 더 빨리 돈을 모을 수 있다는 말씀이세요?

돈 할배　응. 우리는 긍정적인 에너지를 좋아하거든. 돈이 생기면 '이걸 살 거야', '이걸 할 거야'라고 생각하는 사람들은 쓰기 위해 돈을 원하기 때문에 우리의 흐름을 막으려는 생각이 전혀 없어.

나　　　역시 돈은 항상 흐르고 있다는 이야기군요!

돈 할배　그래. **우리는 항상 흐르고 있어. 더 정확하게 말한다면 항상 흐르고 싶은 거지. 그러니까 돈**

을 수단으로 보는 사람, 쓴다는 전제하에 돈을 원하는 사람한테 우리가 모이는 것은 자연의 섭리나 마찬가지야.

나 　 자연의 섭리라니…! 그럼 지금보다 돈이 많아지면 하고 싶은 게 뭔지 제대로 생각해봐야겠어요.

돈 할배 　 다시 한번 말하지만 돈은 벌고 나서 쓰는 게 아니야. 벌기 전에 쓸 것을 미리 생각해둬야 해. 하고 싶은 것, 갖고 싶은 것을 자유롭게 상상할 수 있는 솔직한 사람에게 돈이 모여드는 거야.

'왜 돈을 원하는지' 명확히 하자

 사용할 곳이 명확한 사람의 목소리는
우리에게 더 잘 들린단다.

✓ 돈복이 생기는 부자 마인드 ㉑

☐ 돈을 쓸 곳에 대해 미리 생각해놓아라. 돈은 '그것을 하고
싶다!', '이걸 갖고 싶다!'라는 목적이 있는 곳에 모이기 쉽
기 때문이다.

☐ 목적이 있는 사람은 신기하게도 혼자 벌 수 있는 금액 이
상의 돈을 끌어당긴다.

'반짝이는 댐'을 만들어봐

저축을 위해 애쓰지 마

나   돈 할배, 궁금한 게 있는데요. 돈을 끌어당기
         는 마인드가 생기면 당연히 돈을 모을 수도 있
         겠죠? 그렇다면 저축은 좋은 거겠죠?

돈 할배   물론 좋은 거지. 저축은 만일의 상황을 위한
         거니까 예상치 못한 지출이 생기더라도 당황
         하지 않게 되고, 불안도 훨씬 줄어들게 돼. **게**
         다가 너도 알다시피 우리는 친구를 불러들이는

습성이 있잖아. 그래서 많이 몰려 있는 곳에 모이기가 더 쉬워.

나   그럼 앞으로는 더 열심히 저축해야겠어요!

돈 할배   잠깐잠깐! 주의할 게 하나 있어! '무슨 일이 있어도 반드시 저축해야 해', '아껴서 저축해야지', '야근수당을 받으려면 더 일해야 해'같이 **저축을 위해 애쓰는 것은 피하는 게 좋아.** 그야말로 지금의 너처럼 말이야.

나   왜 애쓰면 안 되죠?

돈 할배   '저축을 위해 절약해야 한다'는 건 극단적으로 말하면 자신을 소중히 여기지 않겠다는 이야기가 돼. 결국에는 저축하느라 이것저것 포기할 테니까.

나   수입이 늘어나지 않는 이상 그건 어쩔 수 없지 않을까요?

돈 할배   들어오는 돈은 한정적이니까 저축한다고 궁상맞게 사는 경우가 그래. 예를 들어 아픈 데도 병원에 가지 않고 참는다거나, 전기 요금을 아낀다면서 불을 안 켜고 생활하는 거 말이야.

돈이 쌓이면서도 한편으로는 쪼들릴 테고, 그
러다 보면 마음의 여유도 없어지게 마련이야.

나   **결국 무리하면서까지 라이프스타일을 고칠 필
요는 없다…?**

돈 할배   그게 모두에게 정답은 아니겠지만, 중요하게
생각해볼 문제야.

무리할수록 돈은 모이지 않는다

돈 할배   게다가 돈을 아끼면서 저축하는 사람일수록
돈 모으기가 힘들어. 그러니까 저축하려고 아
등바등할 필요 없어.

나   아끼느라 애를 써도 돈을 모으기가 어렵다
니… 왜죠? 돈은 또 다른 돈을 불러들인다고
하셨잖아요!

돈 할배   왜냐하면 **애를 쓰는 건 스트레스가 되기 쉽거
든. 그리고 스트레스와 함께 쌓인 돈은 스트레
스를 품게 돼.** 투덜거리며 일을 하거나, 다른

사람을 속이고 공포심과 불안을 부채질해서 돈을 버는 사람도 마찬가지야. **그런 부정적인 감정으로 번 돈을 저축하면 거기에도 그 감정이 남게 돼.**

저축을 댐에 비유한다면, 그렇게 번 돈들은 오염된 댐이 되는 거지. 스트레스의 반동으로 돈을 막 쓰고 싶어지는 위험성도 있어. 게다가 우리는 서로를 불러들이는 습성이 있다고 했잖아. 부정적인 감정이 소용돌이치는 곳에는 우리도 가고 싶지 않은데 말이야.

나　　저도 표정이 어두운 사람과는 가까이 지내고 싶지 않아요. 돈도 마찬가지군요….

돈 할배　그래. 이제 알겠어?

나　　네. 그럼 결국 돈을 많이 모으기 위해서는 어떻게 해야 할까요? 좋은 방법이 있나요?

반짝이는 댐을 만드는 방법

돈 할배   기쁜 마음으로 일을 하면 많은 돈이 들어오기 때문에 악착같이 저축하지 않아도 저절로 돈이 모이게 돼. 가장 이상적인 건 '행복하게 일하면서 돈이 점점 쌓이는' 것이라고 할 수 있지. 그런 사람은 표정이 밝아서 우리도 무의식중에 끌려가게 돼.

나   역시 기쁜 마음으로 일하는 게 가장 중요한 거네요. 돈이 모이는 것은 어디까지나 결과라는 얘기죠?

돈 할배   그래. 누구나 일을 통해 반드시 누군가를 기쁘게 한다고 얘기했지? 그걸 실감할수록 돈을 받는 자신에게 수긍하게 되고 들어오는 돈도 많아진다고. 그런 의미에서 저축은 그 결과라고 할 수 있지.

나   역시 그렇군요!

돈 할배   **돈이 모인다는 것은 곧 내가 그만큼 다른 사람을 기쁘게 했다는 증거야. 통장을 볼 때마다**

**'내가 이만큼 다른 사람을 기쁘게 했구나', '나
는 멋진 사람이야'라고 생각한다면 저축이라
는 댐은 점점 더 빛나게 될 거야.** 그런 반짝이
는 댐이야말로 우리를 끌어당기지.

나   그 말씀을 들으니 앞으로 통장을 볼 때마다 가
슴이 설렐 것 같아요!

다 쓰지 않는다는 전제로 저축하기

돈 할배   오오, 그래, 저축에 대해 또 한 가지 해줄 얘기
가 있어. 쓸 곳이 있어서 '얼마를 모아야지' 하
고 목표를 정해놓을 때도 있을 거야. 그런데
말이야….

나   앗, 설마 목표도 정하지 않는 게 좋나요?

돈 할배   아니, 목표를 정해놓는 것 자체는 좋아. 다만
문제는 금액이야. 써야 할 곳이 분명해서 돈을
모으고 있다고 치자. 그런데 필요한 금액에 딱
맞게 돈을 모으면 나중에 힘들어질 수도 있어.

**한마디로 다 써버린다는 전제로 저축을 하면
안 된다는 말이야.**

나   즉 다 쓰지 않는다는 전제로 저축한다, 목표액
을 정할 때는 어느 정도 여유 있게 잡는다, 그
런 뜻인가요? 그런데 모처럼 모은 돈을 다 쓰
지 못하는 건 아까워요. 어차피 쓰려고 모은
돈이잖아요.

돈 할배   내가 하고 싶은 말은 애초에 그런 쩨쩨한 발상
을 없애라는 거야. 그게 훨씬 행복하니까. 다
써버린다는 생각을 갖고 있으면 언젠가는 정
말로 다 써버리게 되고, 그러면 불안에 빠질 가
능성도 커져. 하지만 다 쓰지 못할 만큼의 돈이
통장에 있다면 왠지 마음이 놓이지 않겠어?

나   그게 훨씬 행복하다는 말이군요….

돈 할배   그래. 저절로 돈이 모인다면 점점 그 경지도
이해하게 될 거야. **너는 우선 기쁜 마음으로 일
하고, 반짝이는 댐을 만드는 것.** 그것부터 시
작해봐.

✅ **돈복이 생기는 부자 마인드 ㉒**

☐ 저축을 하면 미래에 어떤 일이 일어나더라도 걱정 없다.

☐ 돈은 친구를 불러들이는 습성이 있다. 따라서 저축을 하면 점점 더 돈이 들어오기 쉬워진다!

☐ 그렇다고 해서 무리하면서까지 저축하는 것은 NG.

☐ 스트레스를 받으면서 모은 돈은 스트레스를 품게 된다. 게다가 스트레스의 반동으로 돈을 막 쓰게 되는 위험성도 있다.

☐ 가장 이상적인 건 '행복하게 일하면서 돈도 번다!'는 것이다. → 그러기 위해서는 '다른 사람을 기쁘게 하는 나'를 더 실감해라.

☐ '다 쓰지 못할 만큼의 돈'을 모으면 미래에 대한 불안함도 줄어든다.

이상하게 돈 걱정 없는 사람들의 비밀

| 6장 |

어떻게 해야
'행복한 부자'가
될 수 있을까?

왜 돈은 안 모이고 바쁘기만 한 걸까?

바빠야 안심이 되는 이유

돈 할배   내 이야기도 이제 슬슬 끝나가는구나. 마지막
으로 해주고 싶은 이야기는 '시간'에 관한 거
야. 그게 **돈이랑 무슨 상관이냐 싶겠지만, 사실
이 두 개는 떼려야 뗄 수 없는 관계**라서 안 짚
고 넘어갈 수 없거든.

나   저는 이제 일에 쫓기는 생활은 지긋지긋해요.
저만의 시간이 있었으면 좋겠어요. 제대로 시

간을 쓰는 방법이 있다면 알고 싶을 정도로요.

돈 할배   그런 방법이 있긴 하지. 지금 생활이 지긋지긋하다면 거기서부터 시작해볼까. 네가 왜 늘 바쁜지 생각해본 적은 있고?

나   그거야 당연히 일이 많으니까 그렇죠.

돈 할배   그렇다면 왜 일이 많은 거지?

나   왜 일이 많냐고요…? 그건 생각해본 적 없는데요.

돈 할배   그럼 만약에 '일이 많아서 즐겁다', '이렇게 일이 많이 들어오다니 나는 정말 인정받고 있구나', '이런 내가 대단하다'라고 생각하는 사람이라면 아무리 바쁘더라도 지긋지긋하지는 않을 거야.

하지만 너는 바쁜 게 지긋지긋한 데다가 자기만의 시간이 더 필요하다는 거잖아? **그렇다면 바쁜 이유는 딱 한 가지야. 그건 바빠야 안심할 수 있기 때문이지. 반대로 말하면, 바쁘지 않으면 불안하다는 거야.**

나   아니에요, 그럴 리가 없어요!

돈 할배	정말 그럴까? 그럼 일이 없어서 출근해도 할 게 없다고 치자. 기분이 어떨 것 같아?
나	처음엔 기쁘겠죠! 그러다가 점점 '이대로 내 일이 사라지면 어쩌지…?' 싶어서 겁이 날 것 같아요. 월급이 줄거나 잘리면 어쩌지 하는 생각도 들 것 같고요. 으악, 상상만 해도 끔찍해요! 결국 할 일이 없는지 찾아볼 거 같아요.
돈 할배	거봐. 바쁜 게 지긋지긋하다, 내 시간이 더 필요하다고 말하면서도 사실은 여유가 생기는 것을 두려워한다니까. 바쁜 게 더 안심되고, 바쁘지 않으면 불안하다는 말이 맞지?
나	정말 그러네요….

불안해하지 않아도 괜찮아

나	그렇지만 많은 사람이 일하지 않으면 생활 자체가 불가능한걸요. 그러니까 여유가 생기면 불안해지는 건 당연한 거 아닐까요?

돈 할배   네 말도 일리는 있구나. 하지만 내가 하고 싶
         은 말은 많은 사람들이 바쁘지 않으면 불안하
         니까 스스로를 바쁘게 내몰고 있는데, 그걸 조
         금 바꿔보자는 거야.

나   필요 이상으로 자신을 바쁘게 만들고 있다는
         뜻인가요?

돈 할배   그래. 잘 들어봐. 아무것도 하지 않으면 뇌에
         서는 잠재하던 의식이 발현되거든. **무의식적
         으로 '바쁜 게 안심, 바쁘지 않으면 불안'하다
         고 생각하는 사람은 조금이라도 시간이 생기면
         그 시간을 즐기기보다는 미래에 대한 불안감
         때문에 그 불안감을 잠재우기 위해 스스로를
         바쁘게 만드는 거야.**

나   그야말로 제가 '이대로 일이 사라지면 어쩌
         지…'라고 불안해한 것처럼요?

돈 할배   응. 바쁘면 딴생각을 할 여유가 없으니까. 물
         론, 불안이 도움이 될 때도 있어. 미래에 어떤
         일이 일어날지 모른다는 불안감 때문에 적금
         을 붓는 것도 그중 하나지. 자연재해가 일어날

지도 모른다는 불안감 때문에 피난용품을 준
비하는 것 또한 도움이 되는 불안이라고 할 수
있어.

나 　불안감을 전혀 느끼지 않는다면 만일의 사태
가 발생했을 때 큰일을 당할 수도 있겠네요.

돈 할배 　그래. 말하자면 불안은 고대로부터 전해 내려
오는 생존 본능이야. '사냥에 실패할지도 모
른다'는 불안감 때문에 음식을 보존하게 된
거지. 또, '다른 무리로부터 습격당할지 모른
다'는 불안감 때문에 감시도 하고 벽도 쌓았
고. 너희는 그런 불안감 덕분에 살아남은 인류
의 후손인 거야.

그런 의미에서 너희가 불안을 쉽게 느끼는 것
도 본능일지 몰라. **하지만 지금 너희는 다행히
도 조상들만큼 강한 불안감을 느끼지 않아도
돼. 그러니까 슬슬 불안 지수를 떨어뜨려도 괜
찮지 않을까?**

나 　불안 지수를 떨어뜨린다…. 그래도 본능을 바
꾼다는 건 쉽지 않잖아요.

돈 할배   그건 그렇지. 그럼 이렇게 접근해보는 건 어떨
         까. 우리가 본능이라고 알고 있는 것 중 어떤
         건 후천적인 학습을 통해 만들어진 것일 수도
         있어. 그런 경우를 바꿔보는 거야.

베짱이가 정말 나쁜 걸까?

돈 할배   너 『개미와 베짱이』라는 동화는 읽어봤어?

나   무더운 여름, 개미는 땀 흘리며 열심히 일한
         덕분에 배고픔 없이 겨울을 날 수 있었고, 베
         짱이는 노래를 부르며 놀기만 하다가 겨울이
         되자 굶어 죽었다는 이야기요? 불투명한 미래
         를 대비해 열심히 일해야 한다는 교훈을 담고
         있는 동화잖아요.

돈 할배   응. 그야말로 '노동은 미덕, 게으름은 악덕'이
         라고 가르치는 이야기지. 하지만 잘 생각해봐.
         개미가 열심히 식량을 모으는 동안, 한쪽에서
         악기를 연주하던 베짱이가 그렇게 나쁜 걸까?

나　　　피해를 준 건 아니지만 제대로 일하지 않고 놀기만 했으니….

돈 할배　그렇지만 다르게 생각해보면 베짱이의 감미로운 음악 소리가 개미들에게 위로가 되어준 거라고 볼 수도 있지 않을까?

서로가 잘할 수 있는 걸 물물교환했다면 베짱이가 구걸하러 다닐 필요도 없었을 거고, 개미는 음악을 들으면서 힘을 얻었을지도 모르지. 그러면 결국 모두가 '윈윈'하지 않았을까?

나　　　그러네요. 그랬다면 모두가 행복한 이야기가 되네요!

돈 할배　이 우화의 주제는 '일하지 않는 자는 벌을 받는다'는 거지만 **내가 바꾼 것처럼 '각자가 잘할 수 있는 걸 하면 된다', '그렇게 불안해하지 않아도 된다'고 생각하는 편이 더 행복하게 살수 있지 않을까. 나는 이런 마음가짐이 중요하다고 생각해.** 앞으로도 인생은 계속되니까.

나　　　그렇게 생각하면 마음의 여유를 가지고 시간을 알차게 쓸 수 있을까요?

돈 할배   그럼! 바쁘게 하루를 채우지 않더라도 매일매일이 좀 더 즐거워질 거야. 마음에 여유가 생기면 자연스레 주변으로 시선이 갈 테니 감사와 감동을 만끽할 시간도 늘어나겠지.

나   아! 제가 느끼는 만큼 주변 사람도 그런 감정을 느낀다고 하셨죠? 그러면 돈도 더 들어오게 된다고…. 조금 전에 '시간과 돈은 뗄 수 없는 관계'라고 하신 게 이런 뜻이었군요?

돈 할배   눈치챘구나! 맞았어. 바빠야 안심하는 사람은 항상 무언가에 쫓기다 보니 여유가 없어. **그러다 보면 자신을 둘러싼 것들의 소중함이나 고마움을 느끼기 어렵지. 불안함을 내려놓고 여유 있게 시간을 써야 그런 감정을 느낄 수 있어.** 행복한 부자의 마인드는 이렇게 만들어지는 거란다.

✅ **돈복이 생기는 부자 마인드 ㉓**

☐ 여유가 없는 이유는 '바쁘지 않으면 불안'하기 때문이다. 즉 불안감을 잠재우기 위해 한가해지지 않도록 자기 자신을 채찍질하는 것이다.

☐ 불안을 느끼는 것은 인간의 본능이다. 위기를 대처하는 데 도움이 되는 불안도 있다. 하지만 현대사회는 그런 불안을 느끼지 않아도 살아갈 수 있는 시대다.

☐ 우화 『개미와 베짱이』에서 '베짱이의 음악은 개미에게 힘이 되었다. 개미는 그 사례로 베짱이에게 음식을 나눠주었다'로 사고를 전환해보자.

☐ 이러한 마음가짐으로 살아가면 한가함에 대한 불안이 사라지고, 더 알찬 시간을 보낼 수 있다. → 그 결과, '행복한 부자 마인드'가 갖추어진다!

'시간 셀럽'이 되어봐

일상의 쉼표가 필요한 순간

돈 할배 지금까지 내가 한 이야기를 실천하면 너도 언 젠가는 부자가 될 수 있을 거야.

하지만 시간적 여유가 생기면 불안해하거나, 아무것도 안 하는 시간을 견딜 수 없다면 결국 엔 일에 쫓기는 인생이 될 거야. 돈이 남아돌 아도 바쁜 일상에서 해방되지 못한 채 일에 인 생을 빼앗기는 거지.

이상하게 돈 걱정 없는 사람들의 비밀

나   일에 인생을 빼앗긴다니…. 그건 정말 싫어요. 어떻게 하면 좋을까요?

돈 할배   지금부터 시간을 여유 있게 쓰는 연습을 하면 돼. 바꿔 말하면 '시간 셀럽'이 되는 거지. 내 말이 무슨 뜻인지 이해가 되려나?

나   시간 셀럽이라니 무슨 말인지 전혀 모르겠는데요…!

돈 할배   **한마디로 '멍 때리는 시간'이 있어야 한다는 말이야.** 이게 쉬워 보여도 사실은 상당히 어려운 일이거든.

서양인은 보통 여름휴가를 한 달 정도 쓴다고 하잖아? 남반구에 있는 섬에 가서 유유자적하다가 돌아오는 사람도 많지. 하지만 대부분의 동양인은 며칠 여행을 가더라도 아침부터 저녁까지 일정을 빡빡하게 채우곤 해.

나   간만에 휴가 가서 아무것도 안 하기에는 아까우니까 그렇죠!

돈 할배   그렇다면 그렇게 안 하는 서양인은 모두 부자라서 그러는 걸까? 단지 그들은 휴가를 보낼

때만큼은 돈과 시간 모두 여유가 있는 거처럼 행동하는 거뿐이야. 그야말로 셀럽처럼 지내는 거지. 나는 너희가 그런 마음가짐을 꼭 배웠으면 좋겠어.

나   그런데 그런 말씀을 아무리 하셔도 따라 하지도 못하는걸요. 애초에 한 달 휴가 같은 건 꿈도 못 꾼다고요.

돈 할배   그런 말이 아니야. 내 말은 **셀럽처럼 시간 쓰는 걸 따라 하라는 거야. 설령 며칠간의 휴가, 아니 단 몇 시간의 자유 시간밖에 없다고 해도 말이야.** 이를테면 점심시간에 분위기 있는 카페에 가서 좋아하는 요리를 먹으며 혼자만의 시간을 보내는 것만으로도 충분해.

나   아, 점심을 다 먹고 나서도 금세 자리로 돌아오지 않고 휴식을 취한다든가…?

돈 할배   바로 그거야! 어때? 이런 거라면 금방 따라 할 수 있겠지?

나   그러네요. 지금까지는 '시간은 반드시 효율적으로 써야 한다', '시간을 무의미하게 보내면

때로는 쉬어갈 필요도 있다

바쁘지 않으면
왠지 불안해~.

통장에 돈은
쌓이지만,
너무 바빠서
쉴 시간도 없어.

가끔은 쉬어가도
괜찮아~.

때로는 여유를
부려도 돼!

바쁘게 일해서 돈을 벌어도 쉴 수 있는 시간을 누리지 못하면
'불행한 부자'가 되어버린단다.

안 된다'고 생각했는데, 시간을 쓸데없이 써

보는 것도 좋을 거 같아요.

돈 할배   응. 마음의 건강을 생각하면 쓸데없는 시간은

사실 매우 쓸모 있다고 할 수 있지.

말도 안 되는 방법으로 시간 보내기

돈 할배   아무래도 너한테는 '아무것도 하지 않는 시간
=악'이라는 인식이 뿌리 깊게 박혀 있는 것
같아. 그런 생각에서 벗어나기 위해서는 말도
안 되는 방법으로 시간을 써보는 것도 좋아.
미미한 쇼크 요법이라고 할 수 있지.

나   말도 안 되는 방법이요? 그게 뭔데요?

돈 할배   지금까지는 자제했던 것들 있잖아. 이를테면
너는 뭘 할 때 쓸데없다고 생각해?

나   늘어지게 잔 날에는 왠지 모를 죄책감이 들어
요. 아니면 하루 종일 유튜브를 본다거나, 게
임을 한다거나. 뭐, 이런 건 안 하려고 하죠.

돈 할배   **그럼 다음 주말에는 일부러 그런 시간을 갖도
록 해봐. 그러면 '아무런 성과가 없는 시간'도
받아들일 수 있을 거야.** '시간은 반드시 의미
있게 써야 한다'는 초조함이나 불안함과 멀어
지게 되지. 그래야 너의 시간은 더욱 풍요로워
질 수 있어.

돈복이 생기는 부자 마인드 ㉔

☐ 여유 있는 생활이 여전히 불안하다고 느껴진다면 부자가
되어서도 스스로를 내몰게 된다. → 지금 당장 시간을 여
유롭게 쓰는 연습을 해라.

☐ 아무것도 하지 않아도 괜찮은 시간을 만들어라.

☐ 평소에 시간 낭비라고 생각했던 것을 해보는 시간을 가져
보자.

'무일푼'이 된다면 어떻게 될까?

마음의 안전망

돈 할배   지금까지 많은 인간을 봤지만 '바빠야 안심, 바쁘지 않으면 불안'하다는 인식은 꽤 뿌리가 깊은 것 같아. 바쁜 것에 보람을 느끼는 사람도 많은 것 같고.

나   '바쁘다는 건 그만큼 다른 사람이 나를 필요로 한다는 거니까 내가 하는 일은 가치가 있고 보람을 느낀다'는 거 아닐까요?

돈 할배   네 말대로 '많은 사람이 나를 필요로 한다, 그
만큼 나는 인정받고 있다, 다른 사람에게 도움
을 주고 있다'고 느끼는 건 좋아. **하지만 보람
있다고 해서 자신을 바쁘고 괴로운 상황으로
내몰게 되면 금세 '일은 괴로운 것'으로 변질되
어 돈의 흐름이 나빠지게 돼.**

나   아, 정말 어렵네요. 이대로라면 '일은 괴로운
것'이라는 생각으로 다시 돌아갈 것 같아요.
뭔가 특효약 같은 이야기 없을까요?

돈 할배   흠…, 그렇다면 무일푼이 되어도 괜찮다는 이
야기는 어떨까?

나   그건 전혀 괜찮지 않은데요?

돈 할배   내 이야기를 들으면 생각이 달라질걸? **우선 너
희는 최소한의 생활을 보장받으며 살고 있어.**
실업자가 되더라도 실업수당을 받을 수 있고,
'기초생활보장제도'도 마련되어 있으니까.

나   실업수당에 기초생활보장제도라…. 최소한의
생활은 가능할지 모르겠지만, 그건 왠지 싫잖
아요.

돈 할배	왜 싫은 거지? 남 보기에 부끄럽고 자존심 상해서?
나	네. 게다가 왠지 "너는 무능해"라는 말인 거 같아 자괴감이 들 것도 같고요….
돈 할배	나도 그 마음을 이해 못 하는 건 아니야. **하지만 '여차하면 실업수당', '여차하면 기초생활보장제도'라고 생각한다면 꽤 안심되지 않겠어?** 그리고 이 제도들은 너희가 누릴 수 있는 당연한 권리 중 하나야.
나	일자리를 잃고 정신적으로 궁지에 몰리는 사람들을 생각하면 이런 제도가 있다는 게 마음의 안전망이 되겠네요.
돈 할배	마음의 안전망이라, 정말 맞는 말이야.

자신과 세상을 믿는 것이 중요해

돈 할배	그리고 **무일푼이 되어도 괜찮은 두 번째 이유**는 사람이 곤경에 처하면 반드시 누군가가 도

이상하게 돈 걱정 없는 사람들의 비밀

와주기 때문이야.

나　　에잇, 말도 안 돼요…. 도대체 누가 도와준다
　　　는 거죠?

돈 할배　주변 사람들이지 누구겠어! 네가 다른 사람을
　　　속여서 돈을 버는 게 아니라면 주변 사람들은
　　　너를 신뢰하고 있을 거야. **그러니까 만약에 일
　　　이 잘 풀리지 않아 무일푼이 된다고 해도, 너를
　　　신뢰하고 사랑하는 사람들이 반드시 손을 내
　　　밀어줄 거야.** 게다가 너도 그들을 믿는다면 곤
　　　란에 처했을 때 주저 없이 주변에 도움을 청할
　　　수 있을 거야.
　　　어때, 이제 무일푼이 되어도 괜찮다고 생각할
　　　수 있지? 좀 안심이 되지 않아?

나　　아니, 잠깐만요. 곤란할 때 도와줄 사람이 정
　　　말로 있을까요? 여전히 믿을 수 없는데요….

돈 할배　흠, **'무일푼이 되어도 괜찮다'는 것은 주변 사
　　　람들을 포함해서 이 세상을 믿는다는 거야. 그
　　　런 믿음이 있다면 지나친 불안에 시달리지 않
　　　아도 되고, 자신을 내몰 일도 없어.**

그거야말로 최고 아니겠어? 하지만 그걸 못 믿겠다는 건 자기 자신에 대한 믿음이 여전히 부족하다는 걸 인정하는 것과 같아. **이런 믿음이 있다면 '나는 멋진 사람이니까 무슨 일이 있어도 괜찮아. 나를 믿어주는 사람들이 있으니 어떠한 고난도 헤쳐나갈 수 있어'라고 쉽게 믿을 수 있어.**

나　부족한 사람이라 죄송하네요….

돈 할배　그렇게 좌절할 필요 없어. 재교육을 통해 얼마든지 달라질 수 있으니까. 시간이 좀 걸린다는 게 문제지만. 지금 너에게 필요한 건 지금까지 내가 해준 말들을 반복해서 머리뿐만 아니라 마음속까지 새겨두는 거야.

돈복이 생기는 부자 마인드 ㉕

□ 여차하면 '실업수당'이나 '기초생활보장제도'가 있다고 생
각하고, 마음의 안전 기지로 삼자.

□ 곤경에 처하면 반드시 누군가가 도와줄 것이다. '도움을
받아도 되는 나'와 '도움을 줄 수 있는 이 세상'을 믿는 것
이 중요하다.

'지금'을 즐기는 것이 최고야

불안은 우리를 좀먹는다

돈 할배   어쨌든 마지막으로 네가 알아두었으면 하는
                것은 불안해하지 않고 시간을 여유롭게 보내
                는 자세야. 이건 확실히 이해했지?

나   네! 다만 제가 생각하던 '돈'과는 많이 달라서
                받아들이는 데 시간이 좀 걸릴 것 같아요.

돈 할배   그런 거라면 걱정할 필요 없어. 불안감 없이
                여유롭게 시간을 보내는 게 너에게 처음 있는

일도 아니니까.

나　　　처음이 아니라니요…? 무슨 말씀이시죠?

돈 할배　**힌트는 바로 어린 시절에 있어. 어린 시절에는 누구나 여유로운 시간을 보냈잖아.** 너도 어렸을 때는 '일이 없어서 먹고살 수 없게 되면 어쩌지'라는 불안은 없었을 거 아니야?

나　　　그건 그렇죠…!

돈 할배　모든 불안은 미래에 대한 거야. **하지만 어린아이는 아무 걱정 없이 '지금'을 즐기잖아.** 물론 어린아이의 특성을 그대로 따라 하는 것은 불가능할 테지. 그저 내가 이야기하고 싶은 것은 어릴 때처럼 '지금'을 즐기는 마인드야말로 불안감 없이 여유로운 시간을 보내는 최고의 태도라는 거야.

나　　　결국 최고의 본보기는 '어린 시절의 자신'이라는 거네요?

돈 할배　맞아. 그러니까 구태여 '새로운 나'가 될 필요 없어. 그저 **'예전의 나를 되찾는다'**고 생각하면 돼.

예전의 나를 되찾는 방법

돈 할배   예전의 나로 돌아가기 위해서 새로운 일을 시도해보는 것도 하나의 방법이야. 어린 시절에는 하루하루가 호기심으로 충만했잖아. 주위를 에워싼 모든 게 궁금하고 신기하지 않았어?

나   새로운 경험을 통해 '지금'을 더 즐길 수 있다는 거죠? 어린 시절처럼….

돈 할배   그렇지. 그리고 새로운 경험을 하려면 돈이 필요할 때도 있을 거야. 그러니 그 생각을 한다면 좀 더 기쁜 마음으로 일할 수 있겠지?

나   일을 해서 번 돈으로 새로운 경험을 할 수 있으니까…?

돈 할배   맞아. **새로운 경험을 통해 어린 시절을 떠올리며 잃어버린 마인드를 되찾을 수 있고, 거기에다 '새로운 경험을 위해서'라고 생각하면 일하는 게 더 즐겁고 감사하게 느껴질 테니까.**

어쩌면 지금 당장은 새롭게 해보고 싶은 게 없을 수도 있어. 그건 지금까지 너무 바쁘게 살아온 탓이야. 시간에 쫓겨 제대로 쉰 적이 없다 보니 '나는 뭘 하고 싶은 거지?'라는 생각이 사라졌을 테니까.

나　정말 그래요. 돈 할배가 좋다고 말씀하셨지만, 의욕도 안 생기고 설레지도 않아요…. 제 상태가 심각한 걸까요?

돈 할배　안심해. **우선은 잠깐이라도 자유 시간이 생기면 멍하니 시간을 보내면서 여유를 부려보는 것부터 해봐. 일부러 쓸데없는 일에 시간을 써보기도 하고.** 그러다 보면 차츰 재활치료를 받은 것처럼 몸도 마음도 회복되어 '이런 걸 하고 싶다!'는 마음이 저절로 생겨날 거야.

돈복이 생기는 부자 마인드 ㉖

☐ 어린 시절에는 세상 물정 모르는 천진난만함으로 '현재'를
   즐겼다. 그 시절을 떠올리며 여유로운 시간을 보내보자.

☐ 아이에게는 하루하루가 새로움의 연속이다. 새로운 경험
   은 어른도 아이처럼 '지금'을 즐길 수 있게 만든다.

이상하게 돈 걱정 없는 사람들의 비밀

우리에게는 언제나
마음의 주파수가 필요하다

'세상의 기준'이 아닌 '나의 행복'이 정답

돈 할배   이제 내 이야기는 다 끝났단다. 지금까지 알려
         준 것들을 마음속에 잘 새겨두고 실천하면 앞
         으로 인생이 달라질 거야.

나   네, 정말 기대돼요!

돈 할배   하지만 도중에 방황할 때도 있겠지. 그럴 때
         를 위해 마음속에 항상 새겨둬야 할 것들을 얘
         기해줄게. 내가 너에게 주는 작별 선물이자 네

인생의 나침반이 될 이야기지.

나　　오오! 역시 마지막까지 선물을 주고 가시네요! 감사합니다!

돈 할배　앞으로 항상 기억해야 할 건 **바로 '무엇이 정답인가'가 아닌 '누가 행복한가'에 마음의 주파수를 맞춰놓는 거야.**

특히 너희는 모든 일을 '무엇이 정답인가'로 판단하려는 경향이 있어. '다른 사람이 보기에 정답일까…'라고 말이지. 이것도 불안의 원인으로 작용할 수 있어.

나　　세상에서 정답이라고 하는 것을 선택하지 않으면 불안해지고 남들보다 뒤처졌다고 느끼는 것 같아요….

돈 할배　**진짜 중요한 건 '다른 사람이 정한 정답'이 아니라 '내가 정한 정답'이야. 그리고 '내가 정한 정답의 기준'은 '나의 행복'으로 결정해야 해.**

한마디로 본인의 행복을 최우선으로 하는 것이 인생의 정답이라고 할 수 있지.

나　　나의 행복을 최우선으로 하다 보면 이기적으

로 행동하게 되지는 않을까요?

돈 할배 네 인생은 네 거야. 자신을 최우선으로 생각하
는 건 당연한 거야. **또 자신을 소중히 하지 않
는 사람은 다른 사람도 소중히 대할 수 없어.**
자신뿐만 아니라 주변인들의 행복을 위해서
도 늘 자신의 행복에 초점을 맞추는 게 좋아.

나 그렇군요…. '자신을 사랑하지 못하는 사람은
다른 사람도 사랑할 수 없다'는 말을 자주 듣
긴 했어요.

돈 할배 그 말은 내가 알고 있는 인간들의 말 중에서도
특히 마음에 드는 거야! 어쨌든 선택의 기준
을 '내가 우선이다'에 맞춰둘 것! 고민이 될 때
는 자신이 더 행복한 쪽을 선택하면 돼.

어떻게 돈을 써야 행복할까?

돈 할배 자신이 더 행복한 쪽을 고르는 것은 인생에서
큰 결단을 내려야 할 때뿐만이 아니야. **오늘**

사용할 1000원에 대해서도 '어떻게 써야 내가 행복할지'를 생각해야 해.

나　　매일매일 자신의 행복을 생각하는 게 중요한 거네요. 그렇게 서서히 나를 우선시하며 살아가게 된다는 거군요?

돈 할배　그거야! **아주 사소한 것이라도 무엇이 나를 행복하게 하는지를 생각해봐.** 이 생각을 매일 하다 보면 '세상 사람들의 정답'이 아니라 '나의 행복'을 당연시하게 돼.

그러면 계속해서 자신이 행복한 쪽으로 움직일 수 있어. 알겠지? 이 점을 항상 기억하렴.

나　　항상 나의 행복에 따르도록 의식한다…. 그것이 돈을 쓰고 받는 법, 모든 것의 기본이 되는 거군요.

돈 할배　맞아. **자기 자신을 만족시킬 수 있는 행복한 사람은 행복하게 돈을 쓸 수 있어. 그리고 행복하게 돈을 받을 수도 있지. 그런 사람이야말로 우리를 끌어당기는 거야.** 지금까지 내 이야기 듣느라 수고했다.

'나를 행복하게 하는 것'을 항상 생각하자

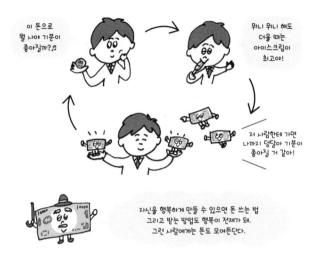

이 돈으로 뭘 사야 기분이 좋아질까?♬

뭐니 뭐니 해도 더울 때는 아이스크림이 최고야!

저 사람한테 가면 나까지 덩달아 기분이 좋아질 거 같아!

자신을 행복하게 만들 수 있으면 돈 쓰는 법
그리고 받는 방법도 행복이 전제가 돼.
그런 사람에게는 돈도 모여든단다.

나 　 좋은 이야기 들려주셔서 감사해요. 이런 말 하
　　 는 게 쑥스럽지만 저도 앞으로 제가 어떻게 변
　　 할지 너무 기대돼요!

돈의 '노예'가 아닌 '주인'으로 살아가기

돈 할배   자, 그럼 이제 떠나기 전에 마지막으로 한 가
지만 더 알려줄게. 앞으로 이 세상은 크게 바
뀔 거야. 사회의 근본을 송두리째 흔들 만한
큰 위기가 닥칠지도 몰라. 그런 때에도 부디
자신은 물론 주변 사람들까지 모두를 소중히
대해야 해.

나   네! 명심할게요!

돈 할배   그리고 위기일수록 '내가 무엇을 할 수 있을
지'를 생각해야 해. 일단 사람은 위기에 맞닥
뜨리면 불안감과 공포심에 사로잡혀 이성적
인 판단을 못 할 때가 종종 있거든. 시야가 좁
아지고 이기적으로 행동하게 되지. '나만 괜
찮으면 된다'는 생각에 빠지기도 해. 재해가
일어날 때마다 사재기가 기승을 부리는 것도
이 같은 이유라고 할 수 있어.

나   그러니 당황하지 않도록 대비해놓는 것도 중
요한 것 같아요. 돈 할배도 그러셨죠? 만일의

사태를 준비하기 위한 불안은 필요한 거라고.

돈 할배　응. 만일의 사태에 대비를 해두는 건 정말 중
　　　　요해. 제대로 된 준비 없이 위기에 닥치면 우
　　　　왕좌왕하게 되니까. 그리고 때로는 그 불안과
　　　　공포가 순식간에 전파되고 증폭되어 사회 전
　　　　체가 거대한 불안과 공포의 밑바닥으로 떨어
　　　　지기도 해. **이게 바로 사람들이 '크게' '두려워
　　　　하고' '당황하는', 즉 '대공황'의 시작이야.**

나　　　그런 거군요…. 경제는 감정으로 움직인다는
　　　　이야기도 처음에 말씀하셨죠.

돈 할배　그래. 여기서 문제는 그런 불안과 공포의 소용
　　　　돌이가 일어났을 때, 어떻게 생각하고 행동할
　　　　것인가 하는 점이야.
　　　　**주변의 불안과 공포의 소용돌이에 휘말리지 않
　　　　는 것, '나는 무엇을 할 수 있을까'라고 생각하
　　　　고 작은 일이라도 실행하는 것, 얼마나 긍정적
　　　　이고 건설적일 수 있는가. 이것도 행복한 부자
　　　　의 조건이야.** 아니, 정말로 행복한 부자라면
　　　　당연히 이런 식으로 생각하겠지.

나	대단하네요! 행복한 부자의 최종 목표는 사회 공헌이군요!
돈 할배	응, 그렇지. 예전에는 이렇게 사회에 공헌하는 사람을 '교양인'이라 불렀어.
나	왠지 멋지네요. 저도 하루빨리 '교양인'이 되고 싶어요!
돈 할배	좋은 자세야! 하지만 착각해서는 안 돼. **사회에 공헌할 수 있는 건 자기 자신이 행복하고 만족스러운 상태이기 때문이야.** 그렇지 않으면 자신의 희생을 감수하면서까지 주변을 위해 행동하게 되는 이른바 '자기희생의 덫'에 걸리게 돼. 이건 길게 말하지 않아도 이제는 알지?
나	네! '자신이 행복해져야 비로소 주변도 행복하게 만들 수 있다.' 이 점을 항상 머리와 마음속에 새기고 있을게요.
돈 할배	아주 좋아! 그렇다면 이제 안심하고 떠날 수 있겠군.
나	네? 진짜로 가시게요?

이상하게 돈 걱정 없는 사람들의 비밀

돈 할배   중요한 건 모두 알려줬으니 너 혼자서도 문제
         없을 거야. 그래도 언제나 지켜보고 있을게.
         그리고 언젠가는 친구들을 데리고 다시 올 테
         니 그때를 기대하마.

나   돈 할배! 고마워요…!

✅ **돈복이 생기는 부자 마인드 ㉗**

☐ 때로는 다른 사람보다 자기 자신을 우선시할 필요가 있
  다. '세상의 정답'은 제쳐두고, '나의 행복'을 최우선으로
  삼아라.

☐ 사소한 것에도 '자신의 행복'을 먼저 생각하면 자신을 최우
  선으로 삼을 수 있다.

☐ 위기 상황에서 모두가 불안과 공포에 휘말려 우왕좌왕할
  때 돌파구를 마련하는 것이 행복한 부자 → 이것을 목표로
  삼을 것!

돈에 대한 오해를 풀고
돈과 친해지기 위해서

"돈이란, 사랑의 빛이라네!"

저의 스승이자 최고의 투자가인 다케다 와헤이 씨가 웃으면서 했던 이 말이 아직도 생각납니다.

500일 이상 그와 함께 숙식하면서 많은 리더십을 배 웠지만, 그중에서도 저는 이 말이 특히 인상 깊었습니다.

와헤이 씨를 비롯해 제가 지금까지 만난 행복한 부 자들은 돈과의 관계가 아주 좋았을 뿐 아니라 돈에 대 한 사랑으로 흘러넘치는 분들이었습니다.

그래서 저는 이들처럼 행복한 부자가 되기 위해서는 '돈에 대한 오해를 풀고 돈과 친해져야 한다'고 생각했고, 책으로나마 이러한 생각을 여러분께 전달하고 싶었습니다. 그리고 여러분이 돈에 대한 오해를 풀고 돈과 가까워지는 과정을 쉽게 즐길 수 있도록 '돈 할배'라는 인물을 등장시켜 대화체로 구성해보았습니다. 뭐든지 즐기면서 배우는 것이 최고니까요.

당연하게도 돈 문제로 곤란을 겪지 않으며 금전적 여유가 있는 사람은 돈과 매우 친합니다. 인간관계와 마찬가지로 돈에 대한 오해가 쌓이면 사이가 나빠져 거리가 멀어지기 마련입니다. 그러니 이 책을 통해 돈이란 '인간의 삶을 풍요롭게 해주는 훌륭한 발명품'이라는 것을 더 확실히 아셨으면 합니다.

저는 20대 중반에 아버지를 도와 골프회원권 판매업을 했습니다.

대부분 수천만 엔이 넘는 골프회원권을 망설임 없이 결제하더군요. 저는 어떻게 하면 그렇게 큰돈을 벌 수 있는지가 항상 궁금했습니다. 동시에 경제적인 이유로회원권 환불을 요청하는 사람들도 많았지요. 물론 그 중에는 재기에 성공해 다시 찾아오는 이들도 있었습니다. 그 덕분에 저는 돈과 관련된 많은 이야기를 들을 수 있었지요.

그러다 보니 저는 사람들과 이야기를 하다 보면 자연스럽게 '이 사람은 몇 년이 지나도 계속 잘되겠구나!', '저 사람은 돈 문제로 골치 좀 앓겠는걸'같이 이른바 '돈의 법칙'이라는 게 보이기 시작했습니다. 그 법칙이란 바로 '돈에 여유가 있는 사람'은 '다른 사람 그리고 돈과의 관계가 매우 좋다'는 것이었습니다.

그러다가 한 가지 의문이 들었지요. '돈과의 관계가 좋아지려면 어떻게 해야 할까?'가 바로 그것이었습니다. 그래서 저는 가게를 찾는 고객들에게 참 많이도 물어보았습니다.

그렇게 축적된 노하우를 바탕으로 홈페이지를 만들었고, 첫해에만 연 매출 10억 엔을 넘기는 성공을 거두었습니다.

더군다나 그때는 2000년으로, 지금과 달리 인터넷을 활발히 사용하기 전이었습니다. 게다가 당시까지만 하더라도 저는 자전거를 타고 세계 곳곳을 방랑하는 걸 좋아하는 20대였을 뿐, 사업이라고는 해본 적이 없었습니다. 그러니 제가 성공할 수 있었던 것은 돈에 대한 사고방식을 바꾸었기 때문이라고 생각합니다.

이 책을 통해 돈 문제로 곤란에 빠지지 않는 것뿐만 아니라, 돈을 쓰면서 사랑을 표현하고 주변 사람들을 풍요롭게 만드는 사람들이 늘어나면 좋겠습니다.

돈이라는 것은 신기하게도 '나만을 위해서'가 아니라 '사랑하는 사람과 주변 사람들을 위해서' 쓰면 더 크게 돌아옵니다. 돈이란 원래 다른 사람과 자신 모두를 풍요롭게 하는 것입니다. 그래서 다른 사람을 생각할수록, 자신을 소중히 할수록 더 풍요로워집니다. 돈의 그릇이 곧 애정의 그릇이라고도 할 수 있습니다.

앞에서 소개한 '돈이란, 사랑의 빛!'이라는 말의 진정한 의미는 '상대방을 좋아하는 마음으로 돈을 주고받을 때도 "내가 좋지?"라는 마음으로 받는 것 그리고 인터넷 시대를 맞아 빛의 속도로 돈이 전달되는 것'이라고 와헤이 씨는 말했습니다.

처음에 저는 이 말을 듣고 무슨 뜻인지 단번에 이해할 수 없었지만, 서서히 그 의미를 알게 되었습니다. 와헤이 씨는 "하늘로부터 사랑받는 인생을 살면 돼"라고 자주 말하곤 했습니다. 당시의 저는 그런 시각이 생소했지만, 고민이 생겼을 때 '하늘이 기뻐하는 건 어느 쪽일까' 하고 와헤이 씨처럼 생각하기 시작하니 거짓말처럼 여러 행운이 찾아왔습니다. 돈은 천하를 도는 것이라고도 할 수 있습니다. 하늘이 기뻐할 만한 방식을 명심하면 인생이 더 풍요로워질 것입니다.

마지막까지 읽어주셔서 감사합니다.

당신의 돈이 당신의 애정과 함께 여러 세계를 돌고, 다시 돌아오길 바랍니다.

2020년 8월, 도쿄에서

혼다 고이치

이상하게 돈 걱정 없는 사람들의 비밀

혼다 고이치 本田晃一

마케팅 컨설턴트이자 동기부여 전문가 그리고 베스트셀러 작가.
1996년, 배낭여행으로 전 세계를 돌아다니다가 귀국 후 아버지의 골
프회원권 판매업을 도우면서 사업에 뛰어들었다. 인터넷이 상용화되
기 전부터 인터넷 마케팅의 중요성을 실감하고, 이를 활용한 사업 수
완을 발휘해 기울어가던 아버지의 회사를 일으켜 세우면서 이름이 알
려지기 시작했다. 그 후 다년간 축적된 사업 노하우를 바탕으로 활발
한 강연 활동을 하다가 현재는 더 많은 사람에게 자신의 노하우를 전
달하기 위해 집필 활동에 힘쓰고 있다. 특히 『이상하게 돈 걱정 없는
사람들의 비밀(不思議とお金に困らない人の生き方)』은 행복한 부자들이 공
통적으로 갖고 있는 부에 대한 생각을 쉽고 재미있게 정리한 책으로,
2020년 9월 출산 이후 지금까지 큰 사랑을 받고 있다. 그 외 저서로
『3미터의 행복』, 『일본 최고 투자자에게 배운 인생에서 가장 소중한
것』 등이 있다.

홈페이지 hondakochan.com/
블로그 ameblo.jp/hondakochan/

이주희

한국외대 일본어과를 졸업한 후 해외의 좋은 책들을 국내에 소개하는
저작권 에이전트로 오랫동안 일했다. 최근에는 육아와 넷플릭스, 번역
에 빠져 있다. 옮긴 책으로는 『무조건 팔리는 카피 단어장』, 『N1 마케
팅』, 『아, 그때 이렇게 말할걸!』, 『매력은 습관이다』 등이 있다.

이상하게
돈 걱정 없는
사람들의 비밀

1판 1쇄 인쇄 | 2021년 11월 1일
1판 1쇄 발행 | 2021년 11월 10일

지은이 | 혼다 고이치
옮긴이 | 이주희
발행인 | 김태웅
기획편집 | 박지호, 김슬기
외부기획 | 민혜진
디자인 | design PIN
마케팅 총괄 | 나재승
마케팅 | 서재욱, 김귀찬, 오승수, 조경현, 김성준
온라인 마케팅 | 김철영, 임은희, 장혜선, 김지식
인터넷 관리 | 김상규
제 작 | 현대순
총 무 | 안서현, 최여진, 강아담, 김소명
관 리 | 김훈희, 이국희, 김승훈, 최국호

발행처 | (주)동양북스
등 록 | 제2014-000055호
주 소 | 서울시 마포구 동교로22길 14 (04030)
구입 문의 | 전화 (02)337-1737 팩스 (02)334-6624
내용 문의 | 전화 (02)337-1739 이메일 dymg98@naver.com

ISBN 979-11-5768-750-3 03190